Nos toca preparar el futuro.
Pensar la sostenibilidad

Serie: Ciencias Sociales

REYES DURO RIVAS
ANTONINO GONZÁLEZ GONZÁLEZ
(EDS.)

NOS TOCA PREPARAR EL FUTURO

PENSAR LA SOSTENIBILIDAD

EDICIONES UNIVERSIDAD DE NAVARRA, S.A.
PAMPLONA

© 2025. Reyes Duro Rivas y Antonino González González (Eds.)
Ediciones Universidad de Navarra, S.A. (EUNSA)
Campus Universitario • Universidad de Navarra • 31009 Pamplona • España
+34 948 25 68 50 • www.eunsa.es • eunsa@eunsa.es

ISBN 978-84-313-4007-0
DL NA 317-2025

Fotografía cubierta
Getty Images (Signatura) / Canva

Imprime: Podiprint
Printed in Spain – Impreso en España

Índice

Presentación

El día 13 de diciembre de 2023 tuvo lugar en la Universidad de Navarra una jornada interdisciplinar que, bajo el título "Nos toca preparar el futuro. Pensar la sostenibilidad", pretendía crear un espacio de diálogo acerca de una realidad tan central como es precisamente la sostenibilidad.

La jornada, organizada por el Instituto Core Curriculum, consistió en dos mesas redondas y una conferencia central. La primera de las mesas, "De qué hablamos cuando hablamos de sostenibilidad", estuvo compuesta por los profesores Juan José Pons, José Ignacio Murillo e Isabel Rodríguez Tejedo, mientras que la segunda, "Qué podemos hacer en la Universidad de Navarra", contó con las intervenciones de varias autoridades académicas: Paloma Grau, Vicerrectora de Investigación y Sostenibilidad, Charo Sádaba, Decana de la Facultad de Comunicación, y Carlos Naya, Director de la Escuela de Arquitectura. Entre ambas mesas tuvo lugar la conferencia "Sostenibilidad" a cargo de Jerusalem Hernández, Socia de Sostenibilidad y Buen Gobierno de KPMG en España.

Suele suceder en este tipo de encuentros universitarios que el coloquio que sigue a las intervenciones de los ponentes sea tan jugoso como las intervenciones mismas, y así ocurrió en esta jornada que, a fin de cuentas y al igual que el libro que tiene el lector en sus manos, buscaba debatir sobre un concepto tan traído y llevado, tan polémico pero tan importante como es el de sostenibilidad. Por ello se recogen en estas páginas varias de las contribuciones de ese día, así como algunas intervenciones de los asistentes al evento.

El mismo espíritu que animó aquel encuentro anima estas páginas: los grandes asuntos piden ser debatidos en el ámbito universitario. Sólo así se esquivan las amenazas y peligros del dogmatismo y la ingenuidad acrítica. Si este libro contribuye a dar continuidad a ese debate, todos los que han participado en él sentirán que su trabajo ha merecido la pena.

Introducción

María Iraburu
Rectora Universidad de Navarra

Pocos términos suscitan reacciones tan diversas y de tanta intensidad como la palabra "sostenibilidad". Unos la defienden apasionadamente, otros cuestionan el concepto o denuncian su utilización interesada. Más allá de su significado preciso o de los límites de su aplicación práctica, hablar de "sostenibilidad" es tratar de cuestiones profundamente humanas y relevantes: la solidaridad entre generaciones; la visión del hombre y de la mujer como guardianes y cuidadores del mundo; el compromiso con un desarrollo que integre las dimensiones sociales, ambientales y económicas; la conciencia de que los bienes naturales no son infinitos; el sentido de responsabilidad ante las personas y la naturaleza. Si el concepto "sostenibilidad" es rico y complejo, es sencillamente porque nuestro mundo también lo es.

La Universidad de Navarra, en palabras de su fundador, San Josemaría Escrivá, "no vive de espaldas a ninguna incertidumbre, a ninguna inquietud, a ninguna necesidad de los hombres"[1]. ¿Qué

---

1. Escrivá de Balaguer, J. 1972. "'La Universidad ante cualquier necesidad de los hombres", en *Discursos sobre la Universidad*. https://escriva.org/es/josemaria-escriva-de-balaguer-y-la-universidad/7/

puede ofrecer la Universidad en el ámbito de la sostenibilidad? Una primera aportación es el rigor de la ciencia. Las cuestiones antes de debatirse deben conocerse con profundidad, en toda su complejidad, con la mayor objetividad posible, con una visión que las contextualice y ordene. La investigación tiene esa finalidad y cumple ese servicio insustituible. En segundo lugar, la Universidad ofrece un entorno interdisciplinar que es imprescindible para comprender los fenómenos complejos en todas sus dimensiones, también las más humanas, que pueden verse amenazadas en una sociedad marcada por el desarrollo tecnológico y el olvido de las humanidades y de la dimensión espiritual. Finalmente, la Universidad es el lugar de encuentro entre generaciones: en nuestras aulas, en diálogo con el profesorado, se forman las mujeres y los hombres que contribuirán, a través de su ejercicio profesional, a orientar las instituciones, a generar iniciativas, a proponer soluciones: en definitiva, a construir la sociedad del mañana.

La presente obra es una muestra de cómo la reflexión sobre la sostenibilidad puede ser abordada con rigor y visión interdisciplinar y ser un referente para las nuevas generaciones. Cada una de las contribuciones es un ejercicio de verdadero diálogo universitario, aquél que es capaz de aportar la experiencia de la propia área de conocimiento sin quedar atrapado en ella. Mi agradecimiento y el de toda la Universidad de Navarra a los autores, que han hecho suyas las incertidumbres y las inquietudes de nuestro tiempo, y que nos muestran la dirección hacia un desarrollo verdaderamente sostenible, humano e integral.

Pensar a fondo la sostenibilidad

Pensar la sostenibilidad desde la Universidad

Charo Sádaba

Facultad de Comunicación, Universidad de Navarra

1. Una competición por el liderazgo intelectual

Durante siglos, las universidades han sido uno de los principales focos de innovación del pensamiento y de las perspectivas de análisis que han enriquecido la sociedad y han asegurado su desarrollo. Este liderazgo se vio ampliado tras la revolución industrial con la emergencia de la técnica que, aplicada a la investigación, hizo aparecer departamentos y facultades que dieron lugar a modelos, teorías y soluciones a problemas concretos de muchos otros ámbitos de la vida.

Sin embargo, en el siglo XX el mercado tomó las riendas del desarrollo económico, imponiendo unas exigencias marcadas por la propia lógica capitalista de crecimiento. Y de la mano de lo económico, su impulso se hizo notar también en muchos ámbitos sociales y culturales. La universidad, por su parte, bien por una excesiva prudencia, o por considerar mundanas las preocupaciones del ámbito de la empresa y las instituciones, prestó poco interés a lo excesivamente inmediato y concreto, al considerar que el problema no estaba a la altura de su aportación.

En el despliegue de la sociedad de mercado propia del capitalismo, la reflexión humanística ha sido sin duda apreciada por su valor intrínseco, pero también en ocasiones como algo extravagante. Podría decirse que, como en una suerte de *cena de los idiotas* a la inversa, al mundo de la empresa y a los gobiernos les gusta rodearse de filósofos, sociólogos o teóricos a quienes invitan a asesorar sus iniciativas, independientemente de cuánto les entiendan. Para el mercado, el mundo universitario es lento y tiende a no ser categórico en sus afirmaciones, ambas cualidades poco propicias para fijar estrategias a corto y medio plazo, y para la toma de decisiones que implican grandes inversiones económicas.

Por ello en muchos ámbitos del desarrollo humano, en las últimas décadas, ha sido el mercado quien ha asumido el liderazgo. Sirva como ejemplo la inteligencia artificial, cuyos avances se han construido durante décadas sobre ingentes inversiones de capital privado que, ahora, no ve con buenos ojos aceptar demoras impuestas o autoimpuestas ni por la vía legal ni por la vía ética.

Y es que el liderazgo del mercado, si bien ha traído muchos beneficios tangibles e intangibles, también supone una cierta simplificación de la realidad. Se vislumbra un problema o, mejor todavía, una oportunidad. Se definen sus aspectos clave, se operativizan y se crean las vías para eliminar (el problema) o ganar (la oportunidad). Todo ello en un espacio de tiempo corto. Estos presupuestos serán verdad mientras se den las condiciones que los justifiquen. Una vez que estas cambien, también lo harán ellos, para asegurar en cualquier caso el cumplimiento de la lógica de crecimiento propia del mercado. Pero mientras tanto, hay que trasladar el convencimiento de que es la mejor manera posible de afrontar la situación. Esta manera de actuar, si bien tiene un gran peso en la vida social y en las estructuras, no responde a un enfoque intelectual sino más bien pragmático, lo que genera reservas en los círculos universitarios.

2. La sostenibilidad en la universidad

Esto ha pasado en cierta medida con el desarrollo de los marcos internacionales de sostenibilidad. Partiendo de un problema de una cierta magnitud, el deterioro del medio ambiente, se han identificado ámbitos de acción, posibles y aspiracionales. Se ha definido el término, al que se han ido añadiendo cuestiones, a modo de apellidos. De esta manera, su significado se ha ido ampliado desde lo medioambiental hacia lo social, adoptando asuntos como la inclusión y la igualdad, y también la propia gobernanza de empresas e instituciones. Son los principios ESG (*Environmental, Social and Governance*), sobre los que se sustentan la mayor parte de dichos marcos.

Entusiasmados con la idea de contar con el apoyo de las empresas para empujar el crecimiento, las instituciones, y los políticos que hay detrás, no han dudado en abrazar estos conceptos y maneras de entender la realidad y las han sublimado. La estrategia 2030 de desarrollo sostenible, con sus 17 objetivos, ha elevado este asunto a un nivel global y lo ha convertido, casi, en unas nuevas tablas de la ley que todos deberían compartir y hacer suyos.

Estos modos de hacer no son los propios de la universidad, consciente de la dificultad de afrontar cambios en un plazo corto de tiempo. También es difícil para el mundo universitario aceptar una cierta simplificación de la realidad, que necesariamente ha de ser entendida como compleja y cambiante. Y también incomoda el carácter impositivo de estas estrategias que, si bien no está claro que solucionen los problemas, sí son muy explícitas en cómo hay que hacer las cosas y, por ende, lo que es aceptable y lo que no. Estos esfuerzos han sido, adicionalmente, acusados de estar ideologizados, cosa que probablemente sea cierta en la medida en que hay una agenda más o menos oculta de intereses económicos y/o culturales detrás de cualquier propósito.

Nada de esto invalida la propuesta que ha encontrado asiento en la vida de las empresas e instituciones con una cierta solvencia. La fuerza de la práctica y la costumbre le ha otorgado una relevancia que está ahora fuera de toda duda. Se ha convertido, pese a su cierto carácter novedoso o artificial, en un asunto humano y, por tanto, debería suscitar el interés de la universidad.

La universidad tiene la oportunidad de atender a este fenómeno y enriquecerlo con las maneras que sí le son propias. Con una aproximación crítica que diseccione qué hay detrás de estos esfuerzos. Con un trabajo de fundamentación del concepto en otras referencias que lo puedan vincular con la tradición y el corpus de conocimiento establecido. Con la apertura a otras visiones y aportes que pueden acotar su significado. Incluso con una propuesta de una variedad terminológica que se adapte mejor a la complejidad de la realidad.

Al mercado puede parecerle poco operativo este aporte, pero si algo sabe la universidad es que la verdad ilumina el camino y pocas veces se puede afirmar con rotundidad que se atisba su comprensión. Si realmente hay un convencimiento de que este fenómeno es sustantivo y merece toda la atención que ha suscitado, nada más sostenible que imbricar su estudio en la universidad para hacerlo duradero y para que adopte un ritmo más humano. La investigación académica puede no dar lugar a resultados inmediatos, pero la transferencia del conocimiento que sucede, en primer término, en la comunidad entre profesores y alumnos, hará que el concepto esté presente en la etapa formativa de muchos profesionales jóvenes a quienes competerá construir ese futuro.

Escuchar las propuestas que ya están sobre la mesa requiere de un esfuerzo de humildad y de apertura por parte del mundo universitario. Pero el coste de no hacerlo es excesivamente alto, dado todo lo que está en juego.

A las universidades de inspiración cristiana, el debate y el estudio sobre la sostenibilidad no puede resultarles ajeno. Todas las realidades humanas son de su incumbencia en la medida en la que impactan en la visión transcendental del mundo y de la persona. Hay, además, muchas cuestiones de la Doctrina Social de la Iglesia que pueden ser aportes valiosos en la dimensión social y de gobernanza que ambiciona la sostenibilidad. Y también lo medioambiental debe ser atendido, como ha puesto de manifiesto la encíclica *Laudato si'* promulgada en 2015 por el papa Francisco, ya que responde al mandato divino de la creación.

3. Un trabajo oportuno y necesario

En ocasiones, los académicos se quejan de lo difícil que resulta captar el interés social por las cuestiones que se estudian en las bibliotecas y los despachos. Esta vez se trata de un asunto que ya ha generado una gran actividad, y que merece una respuesta a la altura del desafío que pretende resolver. En un tiempo en el que se habla mucho de la necesidad de una actitud de escucha, quizá pueda ponerse en práctica en esta ocasión. La universidad tiene la oportunidad de abrirse a las empresas e instituciones que están implicadas en el desarrollo de los marcos de sostenibilidad. Escuchar de manera crítica, pero intentando vislumbrar los motivos que llevan a perseguir estas metas. Ofrecer diálogo y propuestas que puedan ayudar a entroncar mejor estos esfuerzos con una visión intelectual y profundamente humana del mundo y de la realidad.

Esta oportunidad debería resonar de manera particular entre aquellos a quienes algunas de las concreciones de la propuesta por la sostenibilidad les plantean inquietudes serias por su presunta inclinación ideologizante y carente de principios de trascendencia. Desde un terreno intelectual, la disección de estos motivos con argumentos intelectuales puede ser un aporte neto y necesario para definir mejor el fenómeno. La mera sombra de la sospecha, sin articular, no es suficiente en un mundo que necesita de pruebas y evidencias cuando se trata de contrarrestar un movimiento que ha suscitado el apoyo de una mayoría, si no social, sí económica y política.

Es importante hacer valer la universidad, reconocer que es una institución que de manera radical vela por la permanencia y el cuidado de la persona y por la comprensión de su realidad compleja.

2

Desarrollo sostenible y responsabilidad

José Ignacio Murillo

Instituto Cultura y Sociedad, Universidad de Navarra

El 25 de septiembre de 2015 la Asamblea General de las Naciones Unidas aprobó una resolución titulada *Transformar nuestro mundo: la Agenda 2030 para el Desarrollo Sostenible*. En ella se propone un plan de acción basado en diecisiete Objetivos de Desarrollo Sostenible (los ODS), que se traducen en 169 metas. Desde entonces, la denominada Agenda 2030 ha estado presente, cada vez con más intensidad, como criterio de acción en la política y en la vida de las instituciones y de los ciudadanos.

La lectura de estos objetivos y metas inclina, en general, a la aprobación. Alegra pensar que los Estados que se reúnen en este organismo internacional, a veces criticado por su incapacidad para resolver los problemas y conflictos globales, se pongan de acuerdo en impulsar una agenda en la que figuran prioridades como poner fin a la pobreza y el hambre, promover la salud, reducir las desigualdades injustas y proteger el planeta.

Es cierto, sin embargo, que un examen más detallado puede encontrar ciertos fundamentos para la inquietud, al comprobar la ambigüedad o deficiencia con que se tratan algunos temas que no pocos consideran centrales. Como ejemplo de una actitud positiva, pero crítica en algunos puntos y con propuestas de mejora, se puede citar la Nota del observador permanente de la Santa Sede (Auza 2016). El hecho es que, a pesar de lo encomiable de sus objetivos generales y del acuerdo que parece haber alcanzado para ser puesta en marcha, la Agenda 2030 no ha dejado de suscitar a lo largo de estos años dudas y desconfianza, por un lado, junto con un, a veces exaltado, gran entusiasmo por otro. Unos la consideran una ocasión de dar pasos irreversibles para mejorar la situación de la humanidad; no faltan, en cambio, quienes la ven como una herramienta más de control a merced de grupos de interés y de Estados u organismos supraestatales que desean organizar la vida de los ciudadanos y cercenar sus libertades.

No les falta cierta razón cuando temen estos últimos que las grandes amenazas globales se agiten como argumentos para justificar un cambio de régimen que no necesariamente habrá de ser más justo ni, sobre todo, más libre. Pero, más allá de la discusión por la implementación de esta agenda, la iniciativa ha puesto en el centro del debate la sostenibilidad, y esto suscita la pregunta: ¿qué se entiende por sostenibilidad? La respuesta no es neta, pues muchos usan el término, pero no todos le reconocen el mismo sentido ni, sobre todo, las mismas connotaciones. No obstante, merece la pena detenerse en él para intentar comprenderlo y enmarcarlo en las preocupaciones que le dan sentido.

La Agenda 2030 no propone la sostenibilidad como un sustantivo, sino como un adjetivo del desarrollo. No se trata, es patente, de un objetivo en sí mismo, sino de una propiedad de las acciones que tienden a un fin: el desarrollo. El término desarrollo lleva muchos años en uso. Estamos ya acostumbrados a oír hablar de países desarrollados o "en vías de desarrollo" y la comunidad internacional y muchas personas de buena voluntad abrigan con preocupación el propósito de mejorar las condiciones de vida de la humanidad. El consenso en este objetivo se puede ilustrar con la afirmación de un papa, Pablo VI, que llegó a afirmar que el "desarrollo es el nuevo nombre de la paz" (Pablo VI 1967).

Pero junto con la unanimidad que concita la exigencia de un desarrollo equilibrado de la humanidad, se despertaron también algunas inquietudes que invitaban a matizar el modo de llevarlo a cabo. Para algunos el progreso consistía en difundir los métodos y las formas económicas y de gobierno que habían resultado exitosas en algunos países, basadas en una economía de mercado libre, centrada en la producción y dependiente de la acumulación de capital. Otros, en medio de una guerra fría, denunciaban este modelo como fuente de dependencia y desigualdad por parte de los países menos favorecidos. Algunos mecanismos ingenuos de ayuda al desarrollo condujeron incluso a una crisis de deuda con nefastas consecuencias, mientras que regímenes que se presentaban como adalides de la justicia social se revelaban como tremendamente ineficaces.

Pero, en medio de este movimiento mundial de iniciativa solidaria —quizá menos eficaz de lo que sería preciso, pero real—, pronto aparecieron en el horizonte algunos temores que obligaban a matizar el proyecto de desarrollo para todos. La población mundial crecía y los recursos, en particular los combustibles fósiles y los minerales en que se apoyaba el desarrollo económico, eran limitados. Extrapolar a todo el mundo los niveles de producción de países como, por ejemplo, Estados Unidos, podía llevar al planeta a la extenuación. Ya en el año 1972, E. F. Schumacher (1983) alertaba del error que suponía tratar lo que constituye parte del "capital natural", como los combustibles fósiles, como si fuera una renta, contraviniendo un principio económico básico.

Cobraba fuerza, por un lado, la sensibilidad ecológica, que denunciaba los daños que ocasionaban en la casa común unas formas de vida que aparecían como económicamente exitosas. Y, al mismo tiempo, reaparecía —si es que alguna vez había dejado de existir– la sensibilidad malthusiana que consideraba que el peligro más importante era el aumento de la población que, por entonces, se consideraba incontenible. Para algunos este aumento amenazaba a la humanidad, entendida como especie; para otros, lo más importante era el futuro del planeta para el que la humanidad no pasaba de ser una plaga que convenía reducir al mínimo o, incluso, extinguir completamente.

Estas dos preocupaciones, la de la ecología y la de la población, han animado, con diversos matices, la discusión sobre la forma en que ese necesario desarrollo debía llevarse a cabo. Creo que no es equivocado afirmar que es en torno a ellas como se forja, sobre todo, el concepto de la sostenibilidad y de "desarrollo sostenible" (Sachs 2015). Las capacidades humanas se han desarrollado hasta el punto de que nuestra intervención sobre la tierra puede tener consecuencias perjudiciales sobre el planeta y condicionar el futuro de quienes nos sucedan. La humanidad se ha hecho consciente de que debe contar con un factor que antes no se consideraba relevante: el impacto de su actividad, no solo en el ambiente o en determinados grupos de población, sino en el planeta entendido como un todo y como casa de todos, también de las generaciones futuras.

Quizá la expresión más emblemática de esta toma de conciencia y de su repercusión en la acción es la que propugna Hans Jonas en su obra *El principio de responsabilidad*. En ella propone un nuevo imperativo:

> Un imperativo que se adecuara al nuevo tipo de acciones humanas y estuviera dirigido al nuevo tipo de sujetos de la acción diría algo así como: «Obra de tal modo que los efectos de tu acción sean compatibles con la permanencia de una vida humana auténtica en la Tierra»; o, expresado negativamente: «Obra de tal modo que los efectos de tu acción no sean destructivos para la futura posibilidad de esa vida»; o, simplemente: «No pongas en peligro las condiciones de la continuidad

indefinida de la humanidad en la Tierra»; o, formulado, una vez más positivamente: «Incluye en tu elección presente, como objeto también de tu querer, la futura integridad del hombre» (Jonas 1995 [1979], 40).

El principio de responsabilidad de Jonas proporciona un contenido ético a la preocupación por el desarrollo, por la mejora de las condiciones de vida de los seres humanos. Somos responsables no solo respecto de los humanos que viven actualmente, sino también respecto de los que nos sucederán. Por eso no sería humano y razonable dilapidar en el presente nuestro patrimonio sin contar con aquellos a quienes deberíamos ceder el testigo. Pero esta reflexión, que se encuentra, por otra parte, tan arraigada en nosotros como inclinación innata a trabajar para los hijos, se enfrenta a severos obstáculos cuando pasamos del orden personal y familiar al orden estatal y mundial.

Por esta razón el objetivo del desarrollo sostenible, entendido como una mejora en la vida de todas las personas y en las relaciones que entablan entre sí y con el entorno, exige mejorar las formas de organización política y económica. Y es que, con frecuencia, son estas el obstáculo para extender las naturales inclinaciones al bien, la paz y la justicia –que abundan en la humanidad– al plano de la política, especialmente, en un nivel global. No es extraño, por tanto, que la Agenda 2030 se vea como una agenda política. Si queremos cambiar las cosas, tenemos que cambiar el modo de proceder y avanzar hacia nuevas formas de organización social y de gobierno.

No es el momento de analizar con detalle la situación política y económica mundial. De todos modos, es preciso señalar que también los países que se consideran más desarrollados se enfrentan a desafíos políticos muy graves. No es exagerado decir que muchas democracias "consolidadas" se encuentran en crisis. Los problemas económicos –como la deuda–, sociales –como el envejecimiento de la población y la polarización social– y geoestratégicos exigen estabilidad en la acción y autoridad para pedir sacrificios con sentido a los ciudadanos. El juego político, sin embargo, parece abocar a políticas a corto plazo y a minar los consensos de la población. Lo paradójico de este hecho es que suelen ser quienes más reclaman consensos los que provocan en la población la desconfianza que impide generarlos y conservarlos. Este diagnóstico, que sirve para países todavía "funcionales" desde el punto de vista político e institucional, se agrava en aquellos en los que la sociedad civil se encuentra totalmente desarmada frente al autoritarismo y la corrupción.

Por eso, aunque es lógico que la Agenda 2030 se dirija de modo particular a los gobiernos, es preciso reconocer la debilidad de estos agentes para llevar a buen puerto la empresa del desarrollo sostenible. Es cierto que esta menciona también a las empresas o a la sociedad civil. Lo que no es seguro es que ni sus redactores ni muchos de los agentes que la toman como norma entiendan en qué consiste exactamente esta última.

Llama, por ejemplo, la atención la poca relevancia que se concede como agentes de cambio a instituciones como la familia. Es precisamente en torno a la familia y la sexualidad donde se sitúan algunos de los puntos más discutibles de la Agenda. Se podría objetar que esta no tiene tanto poder como los Estados o las grandes empresas, pero se incurriría de este modo en un grave error. El ser humano es un ser familiar y la protección y desarrollo de este ámbito de su vida por parte de todas las instancias genera un ecosistema social en el que los individuos son más felices y desarrollan con más ímpetu su libertad. Por otra parte, un reconocimiento pleno del papel de la sociedad civil exige, por parte de todos, respetar las comunidades e instituciones que los ciudadanos generan. Sorprende, en este sentido, por ejemplo, la casi total ausencia de relevancia que se otorga a las comunidades religiosas. La religión aparece como un rasgo individual que no debe generar exclusión o discriminación, pero en modo alguno se repara en que esas comunidades pueden tener un papel importante en la promoción del desarrollo humano o que se deba contar con ellas para alcanzar la gobernanza que se precisa.

No podemos esperar estar totalmente de acuerdo con un documento de estas características, que busca un amplio consenso, pero no es ajeno, en modo alguno, a las modas intelectuales del momento. Pero esto es lo que ocurre con frecuencia en la vida política. En una sociedad libre, el ciudadano debe aprender a aprovechar y promover lo bueno, conservando su libertad para no comprometerse ni identificarse con aquello que considera pernicioso o inútil. Por eso conviene saludar los buenos propósitos, sumarse a las iniciativas que se considera provechosas, evitando la ambigüedad a la hora de presentar la propia postura individual e institucional. Es preciso mejorar el mundo y hacerlo de un modo sostenible, pero este objetivo solo lo llevarán eficazmente a cabo personas capaces de aportar un verdadero contenido al término "desarrollo" –el despliegue de una vida auténticamente buena– y conscientes de que la exigencia de aportar que experimenta el ser humano se dirige a todos, también a las generaciones futuras.

Referencias

Auza, B. 2016. "Nota de la Santa Sede en el Primer Aniversario de la adopción de los Objetivos de Desarrollo Sostenible". Nueva York, 25 de septiembre.

Jonas, H. 1995 [1979]. *El principio de responsabilidad: Ensayo de una ética para la civilización tecnológica*. Barcelona: Herder Editorial.

Naciones Unidas. 2015. *Transformar nuestro mundo: la Agenda 2030 para el Desarrollo Sostenible*.

Pablo VI. 1967. Encíclica *Populorum Progressio*. Roma, 26 de marzo.

Sachs, J.D. 2015. *The age of sustainable development.* New York: Columbia University Press.

Schumacher, E.F. 1983. *Lo pequeño es hermoso.* Barcelona: Orbis.

3

El corazón de la sostenibilidad

Jordi Puig i Baguer

Facultad de Ciencias, Universidad de Navarra

Son muy variados los sentidos que asignamos hoy al término "sostenibilidad". Son incontables, además, las realidades que abarca, relacionadas entre sí, tangibles e intangibles. La actualidad y complejidad de la cuestión aconsejan buscar qué es lo más definitorio de nuestra posición y llamada en el mundo, inseparablemente natural y humano, para acertar con la respuesta que la tesitura solicita.

"La tarea más antigua de la humanidad consiste en vivir de un trozo de tierra sin echarla a perder" escribió Aldo Leopold, autor de *The Land Ethic* (1949). "Y sin echarnos a perder", se podría añadir, pues vislumbramos que *quien daña el mundo pudiendo evitarlo* se daña, además, en lo más íntimo de lo humano. Entonces, ¿cómo vivir humanamente en la tierra y de ella sin echarla a perder, sin hacer daño a los demás y sin corromper la conducta, el corazón?

En adelante se proponen seis palabras para orientarse en la crisis de sostenibilidad. Encabezan los tres apartados que siguen. Dirigen la mirada hacia las raíces del valor natural y humano a cultivar, y las del daño que deberíamos evitar y reparar en las culturas.

1. Valor y vulnerabilidad

El cosmos y la tierra nos preceden. Existían antes de aparecer nosotros. A lo largo del tiempo, han albergado incontables cambios y novedades. Cada momento y ser natural presente o del pasado se pueden juzgar más o menos valiosos. En cualquier caso, la sensibilidad ambiental descubre que el valor de cada realidad natural va más allá del que le asigna nuestro interés o provecho. Lo natural *es*, y es *lo* que es: no lo decidimos nosotros. En el ser y modo de ser reside un valor propio –un valor en sí– que conviene señalar para saber vivir humanamente: atender a él, enseña a vivir.

En un mundo ya dinámico y cambiante, pero inerte, la vida apareció con un dinamismo singular, como un valor nuevo. Desde entonces, hace cientos de millones de años, los seres vivos emplean e integran lo inerte en su propio ser. Su presencia y actividad transforman la tierra entera, sin degradar su valor conjunto. Al contrario: los seres vivos despliegan en ella su valor biológico y le aportan así una nueva riqueza. Esta dinámica de transformación, que toma lo inerte y lo conduce hacia un valor mayor, ecológico, puede ser recibida como una lección natural. La debería tener muy en cuenta la siguiente gran novedad vital –el ser humano– que aparecerá en el seno de ese mundo ecológico… que es vulnerable.

Vulnerabilidad. La tierra no se nos muestra solamente como un conjunto de valores que pueden crecer y expandirse. La vulnerabilidad de sus seres y dinámicas está presente junto a su valor, *de por sí*. A escala global, se conocen extinciones masivas millones de años antes de la aparición del *Homo sapiens*. La vulnerabilidad se muestra en cada rincón y tiempo del mundo natural. En los ecosistemas que se pierden y, afinando aún más la escala, en el dolor y muerte de cada ser vivo; en particular, del ser humano. El valor, natural y humano, es vulnerable. El daño a lo frágil y valioso, o su dolor y muerte, se muestra como un misterio inherente a la realidad natural y humana que conocemos. Interrogará siempre al ser humano, ese ser natural que puede escoger su conducta como ningún otro.

Junto al daño se manifiestan, en el mundo natural, la posibilidad de recuperación, de regeneración; la resiliencia, la fertilidad, la sucesión y la evolución hacia mayor riqueza... Son potencias y tendencias que se hacen realidad, aumentando la riqueza natural. La tierra puede sanar y enriquecerse. La naturaleza es capaz de recuperarse del daño, transformada, desplegando un renovado valor. Incluso tras cataclismos de alcance planetario o, a otra escala, tras una catástrofe natural. Esa capacidad de regenerar valor tiene, sin embargo, sus límites.

El creyente católico, por su parte, podrá contemplar la profundidad del valor y de la vulnerabilidad del cosmos, de la vida y de cada ser humano desde la luz que le ofrece el misterio de la Creación. En cada ser, la sensibilidad ambiental del creyente descubrirá el rastro del Amor Creador y su llamada a cuidar cada valor vulnerable del mundo que sale de Sus manos y es puesto en las nuestras.

2. Esplendor e impacto

El ser humano es corporal. El cuerpo nos recuerda de continuo que, en nuestro ser, se unen naturaleza y libertad, íntimamente cohesionadas. Para ser coherentes con nuestro *ser*, nuestra *conducta libre* debería reverberar esa unidad entre naturaleza y espíritu que somos. El esplendor humano consiste en ser, ver, escoger y crear armonía natural y humana al vivir. Esa libertad que supera al instinto natural es capaz de promover y desplegar vida y valor como solo puede hacerlo el ser humano desde su corazón: con inteligencia, sabiduría, admiración, alabanza, gratitud, respeto, moderación, solidaridad, entrega, cuidado... Amando.

La naturaleza no deja sola a nuestra libertad. Se asemeja a una madre y maestra. Como de una madre, surgimos en ella, nos sustenta, acompaña y nutre nuestro crecer en cuerpo y espíritu; nos da vida, alimento, cobijo y años de vida y descendencia. Como maestra, se nos da a leer ella misma como libro: al contemplarla aprendemos mucho de quiénes somos, de nuestra llamada a promover el valor libremente. Las ciencias naturales y sociales, las humanidades del pensamiento y del arte, las artes aplicadas y técnicas que moldean la tierra ayudan todas a cosechar —además de sustento— la sabiduría que contiene su valor para guiar nuestros pasos. De cada ser natural y su valor podemos aprender en qué consiste el esplendor humano, que los respeta. No es fácil.

El ser humano *puede* ser el esplendor de lo natural, gracias a la libertad. Pero, precisamente con ella, puede ser también su condena, cuando escoge no integrarse libre y solidariamente en lo natural y lo humano. Solo el ser humano causa, sobre la vulnerabilidad natural y humana, un nuevo tipo de daño novedoso, evitable: moral, libremente causado. Además, este impacto negativo se distribuye desigualmente: con frecuencia es más agudo en las tierras y vidas humanas más frágiles e indefensas. En paralelo, la cosecha humana de recursos y riquezas de la tierra también es desigual: la disfrutan más los más privilegiados.

El reparto desigual de impactos evitables y de bienes que debieran ser mejor compartidos expresa una separación con frecuencia injusta entre los más beneficiados y los más perjudicados y frágiles, entre los que se encuentra la tierra misma (Francisco 2015). El daño ambiental y el humano son daños recíprocos inseparables no solo materialmente (si contaminamos, nos contaminamos) o socialmente (unos pobres, otros ricos; unos impactados, otros en entornos saludables...), sino también en su dimensión moral, personal. Antes de que un contaminante evitable dañe al cuerpo del propio contaminador culpable –o al del vecino– ha dañado ya su corazón: con el verterlo, con el emitirlo.

Al contemplar el daño evitable e injusto sobre la tierra y los seres humanos más frágiles, la cultura y la sensibilidad ambientales se plantean el significado del corazón y de la sociedad que dañan con su libertad: "¿Es anti-natural –destructivo–, e incluso anti-humano –autodestructivo– el ser humano? ¿Somos naturaleza, o somos su enemigo? ¿Es inevitable que, colectivamente, dañemos a la naturaleza que nos sustenta, quizás hasta su perdición y, en consecuencia, la humana? ¿Somos, por ser destructores, menos valiosos que lo natural que destruimos? ¿Será mejor que haya menos humanos, incluso extinguirnos, para bien de la vida, para preservarla? ¿Cabe esperanza o es inevitable el pesimismo?"

El creyente católico podrá contemplar el daño y el dolor evitables desde el misterio de la Redención. El ser humano puede parecer capaz de arrebatar la vida mortal hasta a la Vida misma, Jesucristo. Pero no es así. Es la Vida la que se entrega a sí misma al Padre (Evangelio de S. Juan 10, 18), venciendo a toda muerte, que no tiene la palabra final. Y lo hace con libertad, también humana. La esperanza de la Redención moverá al creyente a secundarla, en el mundo natural y humano.

3. La misión de enriquecer

El pesimismo acerca del ser humano es desmentido cada vez que se cultiva y cuida un valor concreto. Un agricultor de Burkina Faso, Yacouba Sawadogo, ejemplifica como pocos el esplendor humano (Nossiter 2023). Ante las repetidas hambrunas de su pueblo, inició un modo nuevo de trabajar su tierra, apenas productiva. La transformó desde su condición inicial, casi desértica, a bosque y campo feraces, que alimentan a todo su poblado. Con su trabajo integró de una forma natural nueva –natural humana– la riqueza de tierra, agua, plantas, pájaros y termitas... Despertó así una fertilidad en su tierra que podía hacerse presente allí y entonces. Aportó la naturalidad que solo un ser humano y su trabajo inteligente, generoso, constante puede aportar. Con ella cohesionó su comunidad humana: todos cosechan conjuntamente ahora la tierra común, enriquecida. Y la aplicación de sus técnicas se ha extendido por todo el Sahel.

El ser humano *puede* enriquecer el mundo. La llamada humana no es a enriquecerse sin más, como tantas veces la practicamos hoy. Enriquecernos de un modo que empobrezca u olvide a la tierra o al necesitado no es ser coherente con la íntima unidad de naturaleza, sociedad y libertad que somos corporalmente: el cuerpo no solo individualiza, sino que nos integra en el mundo, natural y humano. Se trata de enriquecernos... causando riqueza, acrecentando el valor natural y humano. La cultura solamente sanará a medida que más y más gente cuide y enriquezca el mundo puesto en las manos de cada uno, y del modo que solo uno mismo puede hacerlo. Solos, sin embargo, podemos lograr poco. Es necesario un variadísimo trabajo que converja en evitar y sanar el daño humano a la vez que los impactos negativos sobre la naturaleza. Se trata de revertir los errores culturales –referidos a aquella posición y llamada del ser humano en el mundo mencionada en la introducción– que causan daño. ¿Cómo lograrlo?

Las causas del daño, personal y cultural, son profundas. A Gus Speth, que fue decano de la Escuela de Estudios Ambientales y Forestales de la Universidad de Yale, se le atribuye haber dicho: "Pensaba que los principales problemas ambientales eran la pérdida de biodiversidad, el colapso de los ecosistemas y el cambio climático. Pero me equivocaba. Los principales problemas ambientales son el egoísmo, la avaricia y la apatía". Speth añadía que "para hacer frente a esas cuestiones necesitamos una transformación cultural y espiritual; y nosotros, los científicos, no sabemos cómo abordarlo" (Sterling 2019).

¿Cómo dar una réplica a la altura de esas causas? Charlotte Luyckx ofrece una buena guía, de la mano del concepto de ecología integral (Luyckx 2020). Propone que habría que crear soluciones globales, trabajando a la vez en los niveles o estratos científico-técnico, económico, político, filosófico y espiritual. Confluye así con el diagnóstico de Speth y ofrece una propuesta que permite enlazar la acción social que se necesita con el necesario cambio personal. A medida que el cambio se extienda en cada conducta individual, será nueva realidad social de cuidado. La expresión más radical de este cambio es el cambio del corazón que –si Saint-Exupéry está en lo cierto– tal vez sea el único capaz de ver lo esencial (también en la crisis de sostenibilidad) (Saint-Exupéry 1943).

El creyente católico podrá encontrar en la belleza del mundo natural y humano la manifestación y misterio del Amor y su llamada moral en cada ser. Ver ese Amor y su llamada con el corazón en conversión mueve a ser el esplendor de lo natural, a recibir del Amor la gracia que hace posible cuidar con perseverancia el valor frágil del mundo natural y humano, y curar sus heridas mientras, así, esa gracia cura las del propio corazón hacia Dios. Amados, amando. Qué natural, humano y divino que el fruto de la tierra y del trabajo humano sea elevado a Pan Eucarístico, Cuerpo de Cristo para su Iglesia peregrina hacia la Comunión Eterna.

Referencias

Aldo, L. 2013 [1949]. "Engineering and conservation". In *A Sand County Almanac and Other Writings on Conservation and Ecology*. New York: Library of America.

Francisco (papa). 2015. Carta Encíclica *Laudato si' sobre el cuidado de la casa común*. Roma: Editrice Vaticana.

Luyckx, C. 2020. *Écophilosophie: Racines et enjeux philosophiques de la crise écologique*. Academia-L'Harmattan s.a. Louvain-la-Neuve: Academia-L'Harmattan s.a.

Nossiter, A. 2023. "Yacouba Sawadogo, African Farmer Who Held Back the Desert, Dies at 77". *The New York Times*, 22 de diciembre. https://www.nytimes.com/2023/12/22/world/africa/yacouba-sawadogo-dead.html

Saint-Exupéry, A. 1943. *El principito*.

Sterling, G.E. 2019. "From the Dean's Desk". *Reflections*: Spring 2019: 3. https://reflections.yale.edu/article/crucified-creation-green-faith-rising/dean-s-desk

La sostenibilidad desde las diferentes ciencias:
la arquitectura, la empresa, la economía,
la ingeniería, el derecho, las ciencias naturales,
la comunicación y la teología

4.
¿Sostenibilidad y universidad?
La integración de la sostenibilidad en el ámbito universitario: un enfoque ético y multidisciplinar

Carlos Naya y Juan Roquette

Escuela Técnica Superior de Arquitectura, Universidad de Navarra

1. Sostenibilidad e investigación universitaria

1.1. *La complejidad del concepto de sostenibilidad*

A la hora de escribir sobre sostenibilidad se corre el riesgo de caer en los tópicos y repetir consignas sin sentido o incluso contradictorias entre sí. En efecto, la polisemia del término "sostenibilidad" (Glavič & Lukman 2007) aglutina conceptos tan variados como consumo responsable, gestión de residuos, ecología, ahorro energético, generación de energía limpia, ciclabilidad, viabilidad económica, beneficio social, calidad de vida, medicina, hábitos saludables, salud pública, medioambiente, investigación primaria, innovación, biología, tecnología, movilidad, gobernanza urbana, y un largo etcétera (Purvis, Mao & Robinson 2019). Existe, de hecho, una extensa base teórica sobre los diversos aspectos y objetivos de la sostenibilidad, enfatizando su complejidad y multidimensionalidad (Kates, Parris & Leiserowitz 2005). En las últimas décadas se ha discutido la necesidad de una definición clara y coherente de sostenibilidad que abarque sus múltiples dimensiones (Johnston et al. 2007).

1.2. *Un enfoque multidisciplinar*

De hecho, los autores de este artículo somos arquitectos. No somos biólogos, ni ecólogos, ni ingenieros expertos en producción y gestión de la energía. Por eso, nos parece que lo prudente es acudir a lo que los expertos opinan al respecto sobre la materia (Berkes, Colding & Folke 2000). La Rectora de la Universidad de Navarra ha publicado sobre "sostenibilidad", recientemente en la revista *Nuestro Tiempo*, para centrar el tema y delinear un perímetro interpretativo equilibrado, documentado y realista, que comienza por establecer dos puntos: la crisis climática avanza inexorablemente, pero el ser humano está a tiempo de hacer algo por corregir esta tendencia (Iraburu 2023).

1.3. *Conciencia social y el rol de la universidad*

Señalaba la Prof. Iraburu la mayor consciencia que desde la sociedad se tiene sobre la sostenibilidad, ya que cada vez más se percibe la conexión entre el bienestar de las personas, de las sociedades y del planeta. Y añadía que, por esta razón, la universidad se perfilaba así como garante de la "buena ciencia" (Lozano et al. 2019), libre de presiones e intereses políticos y al servicio de la sociedad mediante la fiabilidad de la investigación primaria.

Se plantean así varios retos a la universidad: la de contribuir con soluciones concretas a las cuestiones actuales de nuestra sociedad, entre las que se encuentra la sostenibilidad de manera preminente; así como la de posibilitar la transferencia de ese conocimiento fiable generado en la universidad mediante una adecuada divulgación y una comunicación de la ciencia en el marco de un aprendizaje profundo que incluye a las humanidades (Svanström, Lozano & Rowe 2008), dando así sentido ético a la formación de los futuros profesionales y a su desempeño en el mundo laboral.

La educación es clave para promover una verdadera cultura de la sostenibilidad (UNESCO 2017). Y la universidad debería desarrollar competencias clave en sostenibilidad y cómo estas se pueden integrar en la educación superior, en la industria y en la sociedad (Barth et al. 2007). El nuestro es, en general, un marco idóneo como agente de cambio en la sociedad y en la educación y, en particular, un referente que podría marcar tendencia en la redefinición de lo que se entiende por sostenibilidad en el mundo actual (Stephens et al. 2008).

1.4. *Sostenibilidad e investigación*

A la luz del ensayo al que nos venimos refiriendo, se podría hablar de "sostenibilidad e investigación" y de "sostenibilidad y vida ordinaria". En resumen, parece que hablar de sostenibilidad se refiere en primer lugar a la investigación primaria que se produce en el marco universitario, pero también atañe de lleno a una nueva cultura del aprendizaje (Lozano et al. 2019), basado en la fiabilidad (Barth et al. 2007), en la ética y en la coherencia de las acciones y mensajes que se distribuyen interna y externamente al ecosistema universitario. Es decir, la sostenibilidad no puede quedar reducida a la investigación e innovación híper especializada que se produce, por ejemplo, en un tubo de ensayo o en un quirófano, sino que también tiene una repercusión "pública" que va desde la adquisición de nuevos hábitos saludables a la concienciación individual sobre la responsabilidad social y cívica (Sterling 2010).

2. Sostenibilidad y campus universitario

2.1. *Los arquitectos y la sostenibilidad*

Los arquitectos, en general, no son científicos especializados en sostenibilidad ni expertos medioambientales. Sin embargo, sí que están formados para gestionar realidades complejas y multidisciplinares, como la sostenibilidad aplicada al medio, a los edificios y a los entornos urbanos. El ser humano pasa el 90% de su tiempo en el interior de edificios, y desde el año 2000 el número de personas que vive en ciudades es superior al de los que viven en entornos rurales (Heywood 2017). Las ciudades generan el 75% de las emisiones de gases de efecto invernadero y es lógico que el calentamiento global motive un incremento del consumo energético.

Tendría sentido, por tanto, tener en cuenta el punto de vista que pueden aportar arquitectos y urbanistas al problema omnicomprensivo de la sostenibilidad, que nos interpela a todos, pero en especial a estos profesionales del medio construido[2]. En su desempeño profesional, los arquitectos suelen utilizar herramientas de evaluación ambiental para mejorar la sostenibilidad de los edificios y de los entornos urbanos (Ding 2008). Además, por su formación y capacidad de síntesis, los arquitectos tienen las competencias idóneas para ir más allá del diseño verde hacia un enfoque regenerativo que aborde la sostenibilidad de manera holística (Cole 2012), aplicada al diseño, la construcción, el mantenimiento y la gestión de los espacios habitados (Wu & Low 2010).

2.2. Tópicos y realidades de la sostenibilidad urbana

Son bien conocidos los "tópicos" ligados a la sostenibilidad urbana, como la ciudad de los 15 minutos, la movilidad limpia, la rehabilitación energética del parque inmobiliario, la preferencia

---

2. El papel de los arquitectos y urbanistas no es menor en la redefinición de la sostenibilidad urbana y en la creación de ciudades sostenibles a través de las herramientas que tiene a su alcance, mediante las figuras de planeamiento urbanístico, mediante la aplicación e interpretación correcta de normativas y reglamentos. En relación a este tema cfr. Roggema, R. 2016. "The future of sustainable urbanism: A redefinition". *Journal of Urban Design*, 21(6): 776-794.

por fuentes de energía no contaminante o el reciclaje activo y el ciclo de vida de los residuos urbanos. Estos conceptos han ganado popularidad y atención en los últimos años, reflejando la creciente preocupación por el impacto ambiental de nuestras ciudades y la necesidad de soluciones sostenibles. Moreno et al. (2021), en su trabajo sobre la ciudad de los 15 minutos, destacan cómo este modelo busca reducir la dependencia del automóvil y fomentar comunidades más compactas y conectadas, donde todos los servicios esenciales estén a una corta distancia a pie o en bicicleta. Este enfoque no solo mejora la calidad de vida, sino que también reduce las emisiones de gases de efecto invernadero y el consumo energético.

La movilidad limpia es otro tópico crucial. Banister (2011) argumenta que para alcanzar una movilidad sostenible es esencial replantear la relación entre distancia, velocidad y tiempo en nuestras ciudades. Esto implica una transición hacia modos de transporte más sostenibles, como el transporte público eficiente, el uso de bicicletas y el caminar, reduciendo así la huella de carbono urbana. Además, la rehabilitación energética del parque inmobiliario es fundamental para disminuir el consumo energético de los edificios, que representan una gran parte del consumo total de energía en las ciudades. Buys y Miller (2012) subrayan que la mejora en la eficiencia energética de los edificios existentes no solo reduce las emisiones, sino que también puede aumentar la satisfacción y el bienestar de los residentes.

La preferencia por fuentes de energía no contaminante es esencial en la lucha contra el cambio climático. Geels et al. (2017) explican que las transiciones hacia energías renovables requieren cambios sociotécnicos significativos que implican no solo la adopción de nuevas tecnologías, sino también la transformación de infraestructuras, comportamientos y políticas. Del mismo modo, el reciclaje activo y la gestión del ciclo de vida de los residuos urbanos

son vitales para reducir el impacto ambiental de las ciudades. Cohen (2017) destaca los desafíos y oportunidades en la gestión de
residuos en ciudades turísticas, donde la generación de residuos es
alta y la sostenibilidad es crucial para mantener la calidad de vida
y el atractivo turístico.

Sin embargo, más allá de que estos temas acaparen la atención mediática o las ayudas públicas para acometer proyectos que
apuntan en esta dirección, hay que reconocer que la preocupación
por el medio ambiente implica, principalmente, cambios profundos en la forma de vida, en el estilo de habitar y de estar en la
realidad[3]. Según Bulkeley, Broto y Edwards (2015), abordar la

---

3. A) Para apoyar la afirmación de que la preocupación por el medio ambiente implica cambios profundos en la forma de vida y en la gobernanza urbana, promoviendo transiciones socio-técnicas, cfr. Bulkeley, H., V. Broto and
G. Edwards. 2015. *An urban politics of climate change: Experimentation and
the governing of socio-technical transitions*. Routledge Studies in Sustainability
Transitions.

B) Para abundar en cómo la sostenibilidad urbana y la preocupación por el
medio ambiente demandan un nuevo estilo de habitar y gobernar, basado en el
análisis y la deliberación de políticas, cfr. Hajer, M.A., and H. Wagenaar. 2003.
Deliberative Policy Analysis: Understanding Governance in the Network Society.
Cambridge: Cambridge University Press.

C) Para subrayar cómo las ciudades deben adaptarse a la sostenibilidad a
través de cambios profundos en su infraestructura y estilo de vida, enfrentando
desafíos como el cambio climático y la escasez de recursos, cfr. Newman, P., T.
Beatley and H. Boyer. 2009. *Resilient Cities: Responding to Peak Oil and Climate
Change*. Washington DC: Island Press.

D) En relación con la idea de que la preocupación por el medio ambiente
lleva a transformaciones significativas en la forma en que vivimos y habitamos
nuestras ciudades, a través de una ecología política urbana, cfr. Swyngedouw,
E. and M. Kaika. 2014. "Urban Political Ecology: Great Promises, Deadlock…
and New Beginnings?". *Documents d'Anàlisi Geogràfica* 60(3): 459-481.

E) Para reforzar la necesidad de cambios profundos en la planificación y el
diseño urbano para abordar los problemas ambientales y promover un estilo de
vida sostenible, cfr. Seto, K.C., S. Dhakal, A.Gad Bigio…and A.Ramaswami.

sostenibilidad urbana requiere una política urbana experimental que permita gobernar las transiciones sociotécnicas de manera efectiva. Esto implica no solo implementar soluciones técnicas, sino también transformar las prácticas cotidianas y las estructuras de poder que sustentan nuestras ciudades. Es decir, implica coordinar la toma de decisiones con presupuestos participativos, fomentar políticas inclusivas, promover la transparencia y alianzas público-privadas, y educar sobre sostenibilidad. Esto se traduce en fomentar el uso de transporte público y bicicletas, gestionar residuos mediante reciclaje y compostaje, mejorar la eficiencia energética en edificios o, por ejemplo, crear huertos urbanos o jardines autóctonos que sean autosostenibles. Además, implica la adopción de tecnologías sostenibles como energías renovables o infraestructuras verdes, como parques y jardines verticales, para reducir la dependencia de combustibles fósiles, aumentar la calidad del aire, proporcionar hábitats para la biodiversidad y mejorar la calidad de vida urbana.

2.3. *Gobernanza y planificación urbana*

La gobernanza urbana también juega un papel crucial. Hajer y Wagenaar (2003) argumentan que un enfoque deliberativo en el análisis de políticas es esencial para manejar la complejidad y las dinámicas de las redes urbanas en la era de la sostenibilidad. Este enfoque promueve la participación de múltiples actores y fomenta la co-creación de soluciones sostenibles. Además, Newman, Beatley y Boyer (2009) subrayan que las ciudades resilientes, capaces

2014. "Human Settlements, Infrastructure, and Spatial Planning". In: *Climate Change 2014: Mitigation of Climate Change. Contribution of Working Group III to the IPCC Fifth Assessment Report (AR5),* Chapter 12. Cambridge University Press.

de responder a desafíos como el cambio climático y el agotamiento de recursos, son fundamentales para una transición sostenible. Estas ciudades deben integrar estrategias de sostenibilidad en su planificación y operación diarias, promoviendo cambios profundos en el comportamiento y el diseño urbano.

La sostenibilidad urbana no supone solo la adopción de las últimas tendencias o recibir apoyo financiero para proyectos específicos. Implica una transformación integral que afecta a todos los aspectos de la vida urbana[4]. Las ciudades deben evolucionar hacia modelos sostenibles que integren eficiencia energética, movilidad limpia, gestión de residuos y fuentes de energía renovable, mientras promueven cambios profundos en cómo vivimos y habitamos nuestras ciudades (Joss, Cowley & Tomozeiu 2013). Este proceso requiere colaboración entre gobiernos, empresas, y ciudadanos, y una visión a largo plazo que considere no solo el presente, sino también el futuro de nuestras comunidades y del planeta (Bulkeley, Broto & Edwards 2015).

2.4. El campus universitario como laboratorio de sostenibilidad

El campus universitario, particularmente el de Pamplona en la Universidad de Navarra, se asemeja a una pequeña ciudad que funciona como un fragmento ideal de la realidad física y social para ensayar e implantar la sostenibilidad. Nuestro entorno no solo facilita la investigación primaria, sino también la reflexión sobre las implicaciones de la sostenibilidad en todos los niveles. Bilodeau et al. (2014) destacan cómo las alianzas estratégicas entre

---

4. Esta transformación aborda tanto los beneficios como las posibles desventajas como la gentrificación verde. Cfr. Anguelovski, Isabelle, J.J.T. Connolly, L. Masip and H. Pearsall. 2018. "Assessing green gentrification in historically disenfranchised neighborhoods: A longitudinal and spatial analysis of Barcelona". *Urban Geography* 39(3): 458-491.

la universidad y la comunidad pueden promover la sostenibilidad en el campus y más allá. El compromiso pedagógico de la Universidad de Navarra se enfoca en preparar integralmente a los alumnos, poniendo en juego a las personas como fines y a los recursos de investigación, físicos y de gestión disponibles como medios. Esto es esencial para crear un entorno que favorezca una reflexión profunda sobre temas cruciales como la sostenibilidad.

El concepto de "campus como laboratorio viviente" se ejemplifica en la conexión entre la química y la sostenibilidad, según Lindstrom y Middlecamp (2017). Esta perspectiva permite que las iniciativas de sostenibilidad se fortalezcan mediante un enfoque práctico y experimental. En esta línea, el grupo de investigación "SAVIA" de la Universidad de Navarra viene desarrollando con éxito varios proyectos de investigación aplicados a entornos urbanos y, específicamente, a espacios interiores en edificios de uso educativo[5], constatado que las medidas de ventilación frecuente tomadas en las aulas con motivo del COVID-19 redujeron una quinta parte los niveles de $CO2$ en las clases. Dicho de otro modo, la buena gestión basada en la toma de decisiones –con datos reales, monitorizados– y el control consecuente de la calidad del aire en las aulas es clave para asegurar la docencia presencial y un adecuado aprendizaje en la universidad. O el proyecto de investigación "E3LAB: *Living Lab* para el desarrollo de tecnología energética sostenible en edificación"[6], financiado por el Gobierno de Navarra y llevado a cabo en el curso académico 2022-23 en el seno de la ETSAUNAV, que puso de manifiesto la oportunidad y los enormes beneficios que se presentan al plantear un proyecto de

---

5. https://www.unav.edu/noticias/-/contents/21/09/2021/una-investigacion-en-centros-educativos-publicos-de-navarra-confirma-la-utilidad-de-la-ventilacion-para-reducir-los-niveles-de-co2-en-pandemia/content/lovPblW1fC70/34403631

6. https://www.unav.edu/web/departamento-teoria-proyectos-y-urbanismo/e3lab

investigación aplicado al propio entorno físico del campus de la Universidad y a sus facultades y escuelas. En este caso, se ciñó a la visualización simultánea de las condiciones térmicas y del consumo energético que se produce en el edificio de la Escuela de Arquitectura, como herramienta estratégica para la toma de decisiones en materia de gobernanza, la gestión energética, la inversión económica y el mantenimiento enfocado a la perdurabilidad y la sostenibilidad.

Desarrollar una cultura de sostenibilidad ambiental en el campus es crucial. Levy y Marans (2011) argumentan que la creación de una cultura que valore la sostenibilidad es fundamental para el éxito de estas iniciativas. El aprendizaje basado en problemas y proyectos es vital para el desarrollo sostenible, como explican Cörvers et al. (2016). Este enfoque educativo permite a los estudiantes abordar desafíos reales y desarrollar soluciones sostenibles. Por su parte, Zen (2017) sugiere que esta aproximación que venimos glosando y podría adjetivarse como "enfoque de laboratorio viviente" puede fortalecer las iniciativas de sostenibilidad en el campus utilizando una metodología basada en la ciencia de la sostenibilidad. Esta estrategia no solo mejora la sostenibilidad en el campus, sino que también promueve una colaboración efectiva entre todos los agentes sociales involucrados.

Para lograr campus universitarios sostenibles, es crucial implantar modelos que incorporen eficiencia energética, movilidad limpia, gestión de residuos y energías renovables. Este objetivo requiere la cooperación de actores públicos y privados, así como la participación activa de la comunidad universitaria. Sería deseable adoptar una perspectiva a largo plazo que tenga en cuenta tanto las necesidades actuales como el bienestar futuro de nuestras comunidades y del planeta. Es fundamental que todos los miembros de la comunidad universitaria, incluidos los estudiantes, adopten prácticas más sostenibles y civilizadas en su vida cotidiana.

3. Sostenibilidad y formación integral universitaria

3.1. *Coherencia entre el mensaje y el medio*

El medio es el mensaje, como afirmaran certeramente hace décadas los expertos en comunicación McLuhan y Fiore (1971). Esta reflexión, traducida al tema que nos ocupa, podría interpretarse como que la investigación primaria enfocada en la sostenibilidad no tendría realmente valor si el entorno universitario donde se desarrolla no reflejara coherentemente ese mismo mensaje a través de su gestión y mantenimiento y de forma transparente y permeable hacia todos los agentes intervinientes en la comunidad universitaria. Los espacios interiores y exteriores de un campus universitario, especialmente el de Pamplona, serían ideales para implantar y evaluar investigaciones aplicadas a la sostenibilidad. La importancia de la coherencia en la sostenibilidad universitaria es destacada por Leal Filho et al. (2015). Implementar sistemas de gestión de sostenibilidad que aborden tanto problemas ambientales como la responsabilidad social de la institución es crucial. Las prácticas sostenibles deben estar alineadas con métodos de evaluación y reporte para asegurar su efectividad y credibilidad. Aplicar prácticas sostenibles en todos los niveles del campus fomenta una cultura de sostenibilidad que permea toda la institución.

Los enfoques institucionales hacia la sostenibilidad han sido revisados por Amaral, Martins y Gouveia (2015). Ellos subrayan que las iniciativas tradicionales de sostenibilidad suelen tener limitaciones, por lo que se han desarrollado herramientas más recientes para gestionar la sostenibilidad de manera más efectiva.

Estas herramientas destacan la necesidad de un sistema de gestión sistematizado que integre todos los aspectos de la vida universitaria, asegurando la coherencia entre la implementación de medidas sostenibles y su evaluación.

Además, las metodologías participativas son esenciales para la sostenibilidad. El enfoque de "Whole Institution Approaches" (WIAs) descrito por Holst (2022), implica la integración completa de la sostenibilidad en todas las áreas de la institución educativa. Esto abarca desde la política institucional hasta las prácticas cotidianas, asegurando que todos los actores estén involucrados y comprometidos con los objetivos de sostenibilidad. Esta metodología promueve una mayor coherencia y consistencia en la implementación de iniciativas sostenibles, facilitando una transformación integral y duradera de la cultura institucional.

La integración de la sostenibilidad en el campus universitario ha sido recientemente analizada por varios autores, como Kılkış (2017), Pilon (2020), Martek (2022) y otros. Según ellos, los campus universitarios pueden servir como campo de pruebas para la sostenibilidad, donde se implementan y evalúan nuevas prácticas y tecnologías sostenibles no sólo a efectos medioambientales o técnicos sino eminentemente a nivel humano. Es decir, la sostenibilidad no solo mejora la infraestructura del campus, sino que sobre todo sirve como modelo educativo para los estudiantes y la comunidad, demostrando la viabilidad y los beneficios de las prácticas sostenibles (Leal Filho 2011).

Parece que la coherencia entre el mensaje de sostenibilidad y el medio físico del campus es crucial para garantizar la credibilidad y efectividad de las iniciativas sostenibles. Un enfoque integral y participativo, junto con sistemas de gestión y evaluación adecuados, puede transformar los campus universitarios en verdaderas plataformas de comunicación interna y externa promoviendo una cultura institucional que refleje y respalde los valores de sostenibilidad en todos sus aspectos.

3.2. *Innovación y transferencia de conocimiento*

El equilibrio urbano entre espacios construidos y espacios naturales del campus UNAV Pamplona, junto con la diversidad de edificios en cuanto a estilos, épocas y sistemas constructivos, proporciona una plataforma única para innovar en materia de sostenibilidad. La población universitaria, con sus variadas procedencias geográficas y conexiones con el mundo empresarial y social, permite experimentar con hábitos de comportamiento, percepción de la realidad física y medidas preventivas de salud pública, así como fomentar el ahorro energético y la financiación de proyectos de investigación sostenibles.

Para respaldar esta perspectiva, Colding y Barthel (2019) destacan la importancia de los sistemas socio-ecológicos y su capacidad de innovación en contextos urbanos. Este enfoque permite que las universidades actúen integrando prácticas innovadoras que pueden ser transferidas al entorno urbano más amplio. Por ejemplo, la Universidad de Columbia ha implementado techos verdes en sus edificios para reducir la temperatura urbana y mejorar la eficiencia energética, una práctica que podría ser adoptada por ciudades enteras.

Yarime et al. (2012) subrayan la necesidad de colaboraciones intersectoriales entre universidades, gobiernos y la industria para fomentar la sostenibilidad urbana. Un ejemplo de esto es la colaboración entre el Instituto Tecnológico de Massachusetts (MIT), el gobierno de la ciudad de Boston y varias empresas de tecnología para desarrollar un sistema de gestión de energía inteligente en el campus del MIT. Este sistema no solo reduce el consumo energético, sino que también sirve como modelo para sistemas similares en la infraestructura urbana de Boston. Estas colaboraciones no solo facilitan la transferencia de conocimiento, sino que también promueven una innovación sostenible que puede ser aplicada en diferentes contextos urbanos.

Además, Pancholi et al. (2015), en línea con los trabajos previos de Moore (2005), abordan el diseño de espacios públicos en entornos de conocimiento e innovación, destacando que estos espacios deben ser tanto funcionales como simbólicos para fomentar la interacción y el intercambio de conocimiento. Este enfoque se alinea con la necesidad de que los campus universitarios no solo sean centros de investigación, sino también puntos de conexión con la comunidad y el mundo empresarial. La integración de prácticas sostenibles y la transferencia de conocimiento en un entorno universitario diverso como el campus UNAV Pamplona puede generar impactos positivos a largo plazo. La colaboración entre diferentes actores y la implementación de estrategias innovadoras en sostenibilidad son esenciales para promover una gobernanza eficaz y una mejora en la gestión urbana, beneficiando tanto a la comunidad universitaria como a la sociedad en general.

3.3. Llamada a la coherencia

No se trata simplemente de promover la sostenibilidad como el eje central de la agenda estratégica de la universidad en sus actividades de gestión, asesoramiento y *mentoring*, docencia, investigación e innovación. Es el conocimiento especializado el que debe guiar nuestras acciones y son los expertos en gobernanza universitaria, o en investigación de impacto, innovación educativa y sostenibilidad quienes deben guiar la dirección en la que el resto de la comunidad universitaria puede converger. Sin embargo, sería fundamental reconocer que la apuesta por una línea de investigación primaria y el desarrollo de trabajos especializados en sostenibilidad no puede ser ignorada en la vida cotidiana del campus universitario. La integración de estos objetivos en el día a día es esencial para crear una cultura coherente, creíble y verdaderamente sostenible dentro de la universidad.

La coherencia entre la investigación y la práctica es vital. Según Stephens et al. (2008), la implementación de prácticas sostenibles debe estar alineada con las metodologías de evaluación y reporte para asegurar su efectividad y credibilidad. La universidad no solo debe fomentar estas prácticas a nivel institucional, sino también integrarlas en la rutina diaria de todos los miembros de la comunidad universitaria. Además, Lozano et al. (2019) destacan la necesidad de un sistema de gestión sistematizado que integre todos los aspectos de la vida universitaria, asegurando la coherencia entre la implementación de medidas sostenibles y su evaluación. La sostenibilidad debe ser una meta transversal que afecte todas las áreas y prácticas de la universidad, desde la gestión de recursos hasta la formación académica y la investigación aplicada.

Para que estos esfuerzos sean efectivos, la colaboración entre diferentes actores es crucial. Velázquez et al. (2006) subrayan la importancia de las colaboraciones intersectoriales entre universidades, gobiernos y la industria para fomentar la sostenibilidad urbana. Estas colaboraciones facilitan la transferencia de conocimiento y promueven una innovación sostenible aplicable en diferentes contextos urbanos. Moore (2005) viene abogando desde hace más de una década por el diseño de espacios públicos en entornos culturales e innovadores, resaltando la necesidad de que estos espacios sean funcionales y simbólicos. Esta dualidad es esencial para promover la interacción y el intercambio de ideas. A la vista queda que, según los expertos, la sostenibilidad no debe ser vista como un objetivo aislado, sino como una parte integral y coherente de la vida universitaria. La implementación de estrategias sostenibles debe reflejarse en todas las prácticas diarias del campus, promoviendo una cultura de sostenibilidad que beneficie tanto a la comunidad universitaria como a la sociedad en general.

Para asegurar la coherencia con la sostenibilidad en la vida diaria del campus universitario, es esencial adoptar prácticas concretas y tangibles. Algunos ejemplos serían las acciones para establecer estaciones de reciclaje y compostaje con educación continua sobre la correcta separación de residuos; o las mejoras implantadas en materia de eficiencia energética mediante la instalación de iluminación LED y paneles solares. Fomentar la movilidad sostenible a través de carriles bici y estaciones de bicicletas compartidas, así como ofrecer incentivos para el uso de transporte público, también es crucial. Además, la creación de jardines autóctonos e incluso huertos en el campus o la eliminación de plásticos de un solo uso en cafeterías, o la gestión responsable del agua con sistemas de recolección de lluvia y reutilización de aguas grises, o el empleo de señalética para concienciar a los usuarios del campus en el buen manejo de los recursos naturales y la buena gestión de los residuos podría ayudar a implantar una verdadera cultura sostenible.

Por otra parte, se podría integrar la sostenibilidad en el currículo académico mediante cursos y talleres, o llevar a cabo campañas intensivas de sensibilización no solo en las aulas sino en todos los espacios universitarios, para dar mayor visibilidad y eficacia a estos esfuerzos hacia la sostenibilidad. Estas prácticas no solo alinean la vida diaria del campus con los principios de sostenibilidad, sino que también sirven como ejemplos educativos y motivacionales para la toda la comunidad universitaria y la sociedad en su conjunto, demostrando cómo la sostenibilidad puede ser integrada de manera efectiva y coherente en todas las áreas de la vida universitaria.

3.4. *Ética de las virtudes y su impacto en la comunidad universitaria*

De acuerdo con los argumentos presentados, no sería apropiado reducir la sostenibilidad a una cuestión exclusiva de élites intelectuales, limitada únicamente a la teoría y a la investigación básica. Las actividades cotidianas en el entorno universitario pueden y deben alinearse con los objetivos que orientan las labores de los investigadores y expertos.

La ética de las virtudes sostiene que el desarrollo de cualquier virtud fortalece las demás virtudes de una persona. Este enfoque se basa en la idea de que una acción virtuosa y el hábito de realizarla no ocurren de manera aislada, sino que afectan a toda la persona a través de la "unidad de vida" y la "coherencia lógica" (Hackett & Wang 2012). Como se suele decir, todas las dimensiones de una persona están interconectadas, funcionando como "vasos comunicantes". Cultivar una virtud como la honestidad fomenta el desarrollo de otras virtudes, como la justicia, la templanza y la valentía. Una mejora en un área específica de la moralidad repercute inevitablemente en una mejora global del carácter, reflejando la interdependencia de las virtudes en el individuo (Hasni, Konuk & Otterbring 2021; Russell 2010).

3.5. *Un entorno educativo integral*

En definitiva, las prácticas sostenibles implementadas en un laboratorio, pongamos por caso de microbiología, deben informar todas las labores de la comunidad universitaria. La investigación y la enseñanza no son actividades separadas de la vida cotidiana de la universidad, sino que deben integrarse en la ética diaria de sus miembros. La adopción de prácticas sostenibles y éticas en los proyectos de investigación puede filtrarse a otros aspectos de la vida universitaria, promoviendo una cultura de coherencia y responsabilidad integral. La ética de las virtudes destaca la conexión entre virtudes personales; por lo tanto, las acciones sostenibles y éticas que se producen en el proceso de un experimento específico de investigación pueden influir positivamente en otras áreas universitarias (Exline et al. 2003).

Tal es el caso de una política de gestión de residuos en el laboratorio, que podría inspirar fácilmente prácticas similares en oficinas administrativas y actividades estudiantiles. Cuando los estudiantes observan a sus profesores practicando lo que predican, se refuerza la idea de que la sostenibilidad no es solo un concepto teórico, sino una forma de vida que afecta todas las áreas. Esto crea un entorno educativo que no solo enseña sobre sostenibilidad y ética, sino que las vive, formando individuos cuyas acciones están en consonancia con los valores que la universidad desea promover (Flynn 2003). Esto reflejaría, sin duda, la visión de que el desarrollo de una virtud fortalece el conjunto de virtudes de una persona, creando una comunidad universitaria más cohesiva y ética.

Además de "practicar" la sostenibilidad en pequeñas cosas cotidianas como la gestión de residuos antes mencionada, la coherencia debe producirse, enseñarse y aprenderse a todos los niveles, también en las grandes decisiones que trascienden por su mayor visibilidad y alcance. La construcción de un nuevo edificio en el campus, por ejemplo, o la gestión eficiente de las instalaciones ya existentes, algunas más antiguas y otras no tanto, debería mostrar –sin ambages– que hoy son posibles *nuevos modos* de afrontar los *nuevos proyectos* y de manifestar así, con hechos fehacientes, los valores que de verdad sostiene la Universidad de Navarra ante los retos actuales y futuros.

Referencias

Amaral, L.P., N. Martins & J.B. Gouveia. 2015. "Quest for a sustainable university: a review". *International Journal of Sustainability in Higher Education* 16(2):155-172.

Anguelovski, I., J.T. Connolly, L. Masip & H. Pearsall. 2018. "Assessing green gentrification in historically disenfranchised neighborhoods: A longitudinal and spatial analysis of Barcelona". *Urban Geography* 39(3): 458-491.

Banister, D. 2011. "The trilogy of distance, speed and time". *Journal of Transport Geography* 19(4): 950-959.
https://doi.org/10.1016/j.jtrangeo.2010.12.004

Barth, M., J. Godemann, M. Rieckmann & U. Stoltenberg. 2007. "Developing key competencies for sustainable development in higher education". *International Journal of Sustainability in Higher Education* 8(4): 416-430.
http://dx.doi.org/10.1108/14676370710823582

Berkes, F., J. Colding & C. Folke. 2000. "Rediscovery of Traditional Ecological Knowledge as Adaptive Management". *Ecological Applications* 10(5): 1251-1262.

Bilodeau, L., J. Podger & A. Abd-El-Aziz. 2014. "Advancing campus and community sustainability: strategic alliances in action". *International Journal of Sustainability in Higher Education* 15(2): 157-168.

Bulkeley, H., V. Broto & G. Edwards. 2015. *An urban politics of climate change: Experimentation and the governing of socio-technical transitions.* Routledge Studies in Sustainability Transitions.

Buys, L. & E. Miller. 2012. "Residential satisfaction in inner urban higher-density Brisbane, Australia: Role of dwelling design, neighbourhood and neighbours". *Journal of Environmental Planning and Management* 55(3): 319-338.
http://dx.doi.org/10.1080/09640568.2011.597592

Cohen, M. 2017. "Urban waste management in tourist cities: Challenges and opportunities". *Journal of Sustainable Tourism* 25(5): 588-602.

Colding, J. & S. Barthel. 2019. "Exploring the social-ecological systems discourse 20 years later". *Ecology and Society* 24(1):1-12.

Cole, R.J. 2012. "Transitioning from green to regenerative design". *Building Research and Information* 40(1): 39-53.
http://dx.doi.org/10.1080/09613218.2011.610608

Cörvers, R., A. Wiek, J. de Kraker, D.J. Lang & P. Martens. 2016. "Problem-based and project-based learning for sustainable development". In *Sustainability Science*, edited by H. Heinrichs, P. Martens, G. Michelsen y A. Wiek, 349-358. Dordrecht: Springer.

Ding, G.K.C. 2008. "Sustainable construction-The role of environmental assessment tolos". *Journal of Environmental Management* 86(3): 451-464.

Exline, J., E.L. Worthington, P.C. Hill & M.E. McCullough. 2003. "Forgiveness and justice: A research agenda for social and personality psychology". *Personality and Social Psychology Review* 7(4): 337-348.
http://dx.doi.org/10.1207/S15327957PSPR0704_06

Flynn, F.J. 2003. "How much should I give and how often? The effects of generosity and frequency of favor exchange on social status and productivity". *Academy of Management Journal* 46: 539-553.
https://journals.aom.org/doi/10.5465/30040648

Geels, F., B.K. Sovacool, T. Schwanen & S.R. Sorrell. 2017. "Socio-technical transitions for deep decarbonization". *Science* 357(6357): 1242-1244.

Glavič, P. & R.K. Lukman. 2007. "Review of sustainability terms and their definitions". *Journal of Cleaner Production* 15(18): 1875-1885.

Hackett, R. & G.Wang. 2012. "Virtues and leadership: An integrating conceptual framework founded in Aristotelian and Confucian perspectives on virtues". *Management Decision* 50 (5): 868-899.
http://dx.doi.org/10.1108/00251741211227564

Hajer, M.A., & H. Wagenaar. 2003. *Deliberative Policy Analysis: Understanding Governance in the Network Society*. Cambridge: Cambridge University Press.

Hasni, M.J.S., F.A. Konuk & T. Otterbring. 2024. "Anxious Altruism: Virtue Signaling Mediates the Impact of Attachment Style on Consumers' Green Purchase Behavior and Prosocial Responses". *Journal of Business Ethics*.
https://doi.org/10.1007/s10551-024-05734-8

Heywood, H. 2017. *101 reglas básicas para edificios y ciudades sostenibles*. 2ª tirada. Barcelona: Editorial GG.

Holst, J. 2022. "Towards coherence on sustainability in education: a systematic review of Whole Institution Approaches". *Sustainability Science* 2: 1015-1030.
http://dx.doi.org/10.1007/s11625-022-01226-8

Iraburu Elizalde, M. 2023. "Sostenibilidad: una mirada esperanzada". *Nuestro Tiempo* 717: 106-111.

Johnston, P., M. Everard, D. Santillo & K-H Robèrt. 2007. "Reclaiming the definition of sustainability". *Environmental Science and Pollution Research* 14(1): 60-66.

Joss, S., R. Cowley & D. Tomozeiu. 2013. "Towards the 'ubiquitous eco-city': An analysis of the internationalization of eco-city policy and practice". *Urban Research and Practice* 6(1): 54-74.

Kates, R.W., T.M. Parris & A.A. Leiserowitz. 2005. "What is sustainable development? Goals, indicators, values, and practice". *Environment: Science and Policy for Sustainable Development* 47(3): 8-21.

Kilkis, Ş. 2017. "Comparative analyses of sustainable campuses as living laboratories for managing environmental quality". *Management of Environmental Quality* 28(5): 681-702.
http://dx.doi.org/10.1108/MEQ-06-2015-0107

Leal Filho, W. 2011. "About the role of universities and their contribution to sustainable development". *Higher Education Policy* 24(4): 427-438.

Leal Filho, W., C. Shiel, & A. Paço. 2015. "Implementing and operationalising integrative approaches to sustainability in higher education: the role of project-oriented learning". *Journal of Cleaner Production* 106: 219-226.
https://doi.org/10.1016/j.jclepro.2016.05.079

Levy, B.L.M. & R. Marans. 2011. "Towards a campus culture of environmental sustainability". *International Journal of Sustainability in Higher Education* 13(4): 365-377.

Lindstrom, T. & C. Middlecamp. 2017. "Campus as a living laboratory for sustainability: the chemistry connection". *Journal of Chemical Education* 94(8): 1036-1042.

Lozano, R., M. Barreiro-Gen, F.J. Lozano & K. Sammalisto. 2019. "Teaching sustainability in European higher education institu-

tions: Assessing the connections between competences and peda-
gogical approaches". *Sustainability* 11(6): 1602.
https://doi.org/10.3390/su11061602

Martek, I., M.R. Hosseini, S. Durdyev, M. Arashpour & D.J. Edwards. 2022. "Are university "living labs" able to deliver sustainable
outcomes? A case-based appraisal of Deakin University, Australia".
International Journal of Sustainability in Higher Education 23(6):
1332-1348.
http://dx.doi.org/10.1108/IJSHE-06-2021-0245

McLuhan, M. & Q. Fiore. 1971. *The Medium is the Massage*. Penguin
Books Ltd.

Moore, J. 2005. "Barriers and pathways to creating sustainability
education programs: policy, rhetoric and reality". *Environmental
Education Research* 11(5): 537-555.
http://dx.doi.org/10.1080/13504620500169692

Moreno, C., Z. Allam, D. Chabaud, C. Gall & F. Pratlong. 2021. "In-
troducing the '15-minute city': Sustainability, resilience and place
identity in future post-pandemic cities". *Smart Cities* 4(1): 93-111.

Newman, P., T. Beatley & H. Boyer. 2009. *Resilient Cities: Responding
to Peak Oil and Climate Change*. Washington DC: Island Press.

Pancholi, S., T. Yigitcanlar & M. Guaralda. 2015. "Public space design
of knowledge and innovation spaces: learnings from Kelvin Grove
Urban Village, Brisbane". *Journal of Open Innovation: Technology,
Market, and Complexity* 1 (13): 1-17.
https://doi.org/10.1186/s40852-015-0015-7

Pilon, A., J. Madden, J. Tansey & J. Metras. 2020. "Campus as a Living
Lab: Creating a Culture of Research and Learning in Sustainable
Development". In: *Teaching and Learning Strategies for Sustainable
Development*. Edited by E. Sengupta, P. Blessinger & T.S. Yamin,
213-227. Leeds: Emerald Publishing.
https://doi.org/10.1108/S2055-364120200000019017

Purvis, B., Y. Mao & D. Robinson. 2019. "Three pillars of sustainability: in search of conceptual origins". *Sustainability Science* 14(3):
681-695.

Roggema, R. 2016. "The future of sustainable urbanism: A redefinition". *Journal of Urban Design* 21(6): 776-794.

Russell, D.C. 2013. "Introduction: Virtue ethics in modern moral philosophy". In *The Cambridge Companion to Virtue Ethics*, edited by Daniel C. Russell, 1-6. Cambridge: Cambridge University Press.

Seto, K.C., S. Dhakal, A. Gad Bigio… & A. Ramaswami. 2014. "Human Settlements, Infrastructure, and Spatial Planning". In *Climate Change 2014: Mitigation of Climate Change. Contribution of Working Group III to the IPCC Fifth Assessment Report (AR5)*, Chapter 12. Cambridge University Press.

Stephens, J.C., M.E. Hernandez, M. Román, A.C. Graham & R.W. Scholz. 2008. "Higher education as a change agent for sustainability in different cultures and contexts". *International Journal of Sustainability in Higher Education* 9(3): 317-338.

Svanström, M., F.J. Lozano & D. Rowe. 2008. "Learning outcomes for sustainable development in higher education". *International Journal of Sustainability in Higher Education* 9(3): 339-351. http://dx.doi.org/10.1108/14676370810885925

Swyngedouw, E. & M. Kaika. 2014. "Urban Political Ecology: Great Promises, Deadlock…and New Beginnings?" *Documents d'Anàlisi Geogràfica* 60(3): 459-481.

UNESCO. 2017. "Education for Sustainable Development Goals: Learning Objectives". https://doi.org/10.54675/CGBA9153

Velazquez, L., N. Munguia, A. Platt & J. Taddei. 2006. "Sustainable university: what can be the matter?" *Journal of Cleaner Production* 14(9-11): 810-819. https://doi.org/10.1016/j.jclepro.2005.12.008

Wu, P. & S.P. Low. 2010. "Project management and green buildings: Lessons from the rating systems". *Journal of Professional Issues in Engineering Education and Practice* 136(2): 64-70. http://dx.doi.org/10.1061/(ASCE)EI.1943-5541.0000006

Yarime, M., G. Trencher, T. Mino, R.W. Scholz, L. Olsson, B. Ness, N. Frantzeskaki & J. Rotmans. 2012. "Establishing sustainability science in higher education institutions: towards an integration of academic development, institutionalization, and stakeholder collaborations". *Sustainability Science* 7(1): 101-113.

Zen, I.S. 2017. "Exploring the living learning laboratory: an approach to strengthen campus sustainability initiatives by using sustainability science approach". *International Journal of Sustainability in Higher Education* 18(6): 939-955.

5

El futuro de la sostenibilidad en la arquitectura. Transición entre arquitectura sostenible y regenerativa

Ana Sánchez-Ostiz

Escuela Técnica Superior de Arquitectura, Universidad de Navarra

En un mundo donde los desafíos medioambientales, sociales y económicos están intrínsecamente interrelacionados, las universidades ocupan una posición estratégica y privilegiada para impulsar el cambio hacia un futuro sostenible y transformador. A través de la investigación y la innovación, las universidades no solo tienen la capacidad de generar nuevas ideas y soluciones, sino que también ostentan la responsabilidad de formar a las futuras generaciones de líderes, profesionales y ciudadanos comprometidos con la sostenibilidad.

Aunque el término "sostenibilidad" se ha convertido en un concepto omnipresente, utilizado en ámbitos tan diversos como la economía, la política, la familia o la educación, es fundamental profundizar en su verdadero significado y en la relevancia que tiene para nuestro entorno. Más allá de ser una herramienta de marketing o una palabra de moda, la sostenibilidad implica un compromiso con el desarrollo de estrategias y soluciones que minimicen el impacto negativo de nuestras actividades en el medio ambiente, identificando problemas que resolver y cuantificando la eficiencia de las medidas que empleamos para solventarlos.

En el caso de la arquitectura debemos afrontar grandes retos, fruto del impacto que las ciudades y los edificios producen en el medioambiente, en relación a la emergencia climática y la descarbonización (Comisión Europea 2013), el pacto verde europeo (Comisión Europea 2019), la transición ecológica (Aparicio Azcárraga et al. 2022), la estrategia de rehabilitación (European Commission 2020), la de economía circular (Comisión Europea 2020), etc.

La previsión de Naciones Unidas de que, en 20 años, dos tercios de la población mundial residirá en zonas urbanas (Ministerio de Fomento del Gobierno de España 2019) representa un gran desafío. Las ciudades, donde se consume el 75% de la energía global y se generan el 80% de las emisiones de gases de efecto invernadero (Observatorio de Sostenibilidad en España), se han convertido en epicentros del debate sobre la sostenibilidad. Además, los edificios son responsables de consumir el 60% de las materias primas, el 50% del agua y generar el 40% de los residuos sólidos. Esto subraya la necesidad de un enfoque multidisciplinario y holístico que aborde la sostenibilidad desde la planificación urbana hasta la rehabilitación de edificaciones, buscando no solo reducir su impacto ambiental, sino también mejorar la calidad de vida de los ciudadanos.

Hasta ahora, la arquitectura sostenible se ha centrado en disminuir los impactos negativos que la arquitectura genera sobre el medioambiente adoptando el concepto NET ZERO, siendo el objetivo *"ser menos malo con el medioambiente"*. Para que un edificio pueda ser considerado sostenible, debe diseñarse con una serie de criterios, entre los que destacan:

-   Consumo energético casi nulo (Parlamento Europeo y Consejo de la Unión Europea 2012). Para ello, se debe limitar la demanda energética en función del clima y la adopción de medidas pasivas como por ejemplo, una adecuada orientación para maximizar la captación y protección solar donde sea necesaria, la luz natural y la ventilación natural, diseñando las fachadas y cubiertas con altas prestaciones de aislamiento térmico y estanquidad al aire; asimismo empleando sistemas de calefacción, ventilación y aire acondicionado (HVAC) eficientes, y cubriendo el consumo resultante mediante la producción de energías renovables en el propio solar. De esta manera se disminuyen las emisiones de gases de efecto invernadero para cumplir con los objetivos internacionales (ONU 2015).

— Uso eficiente del agua: Las edificaciones sostenibles deben implementar estrategias que reduzcan el consumo de agua, como grifos y duchas de bajo flujo, inodoros de doble descarga, y sistemas de recolección y reutilización de aguas pluviales y aguas grises. Estas aguas pueden ser reutilizadas para el riego de zonas verdes y para su uso en sanitarios (Galicia 2015). Asimismo, se deben evitar los vertidos que puedan contaminar el suelo y el agua circundante.

— Reducción en el uso de recursos y generación de residuos: La arquitectura sostenible fomenta el uso de materiales de construcción que puedan ser reutilizados o reciclados, contribuyendo así a mantener los recursos en el ciclo de vida de los edificios y de las ciudades. En este sentido, la Comisión Europea (Comisión Europea 2020) aboga por la aplicación de la filosofía de las tres R (Reducir, Reutilizar y Reciclar) en todas las etapas del ciclo de vida de los edificios, lo que minimiza la generación de residuos.

— Localización de la parcela: Un edificio sostenible debe estar ubicado y diseñado para facilitar el acceso al transporte público, así como promover el uso de bicicletas y los desplazamientos a pie (Galicia 2015). La inclusión de aparcamientos seguros para bicicletas, vestuarios y duchas, y estaciones de carga para vehículos eléctricos también es una estrategia clave en este ámbito.

— Protección de la biodiversidad y el entorno natural: Es esencial minimizar el impacto sobre los ecosistemas naturales, tanto en la fase de construcción como durante la vida útil del edificio (Galicia 2015). Las cubiertas verdes y las zonas ajardinadas en los edificios contribuyen a mantener la biodiversidad y a reducir la huella ecológica del inmueble.

En los últimos años, el concepto de sostenibilidad en arquitectura ha experimentado una notable evolución, superando la mera reducción de impactos negativos. Actualmente, se promueve un enfoque hacia la arquitectura regenerativa, que va más allá al proponer que tanto los edificios como las ciudades generen un impacto positivo en el medio ambiente y en la calidad de vida humana. Para avanzar en esta dirección, resulta fundamental:

— Escalabilidad: Es necesario ampliar el enfoque de la intervención, pasando de la escala del edificio individual a la del barrio y/o ciudad. De esta manera, se pueden aprovechar las sinergias entre edificios, redes energéticas, infraestructuras azules (agua) y verdes (vegetación), lo que multiplica los beneficios ambientales y sociales (Rose et al. 2021) (Monge-Barrio & Sánchez-Ostiz Gutiérrez 2018).

— Rehabilitación frente a expansión: La rehabilitación de edificios y barrios existentes debe priorizarse frente a la expansión urbana, que consume suelo natural y afecta a los ecosistemas, y aumenta la necesidad de transporte. Esto es coherente con la Estrategia Europea WAVE (European Commission 2020) y con la *Estrategia a largo plazo para la rehabilitación energética en el sector de la edificación en España* (Ministerio de Transportes 2020).

— Diseño centrado en los ocupantes: Dado que las personas pasan más del 90% de su tiempo en interiores, el diseño de los edificios debe considerar el confort térmico, acústico, lumínico y la calidad del aire interior (Institute 2018) y la biofilia (influencia beneficiosa de la naturaleza en el bienestar de las personas). Estos aspectos son importantes para el uso de los edificios, y deben tenerse en cuenta las necesidades distintas de los diversos grupos de población, especialmente de los más vulnerables (personas mayores, niños, enfermos…). Además, en los lugares de trabajo, el bienestar, la productividad y la salud de los trabajadores son las nuevas prioridades para los empleadores (Institute 2018).

— Dimensión social: Es crucial que los edificios y su entorno incorporen espacios sociales, además de ecológicos, que potencien la interacción y cohesión social en los barrios, integrando a todas las personas y considerando sus necesidades específicas (por edad, género, discapacidad…). Además, el mantenimiento de la cultura y el patrimonio del lugar favorecen el sentimiento de pertenencia al lugar y a la comunidad.

— Impacto ambiental en la salud: Evaluar la influencia que los distintos aspectos ambientales urbanos tienen en la salud de las personas, y en su bienestar físico y mental. La contaminación (World Health Organization 2016), las temperaturas extremas (World Health Organization 2018), la falta de zonas verdes (World Health Organization 2023), la movilidad urbana no sostenible y otros factores ambientales (contaminación acústica y lumínica) tienen impactos significativos en la salud que deben ser abordados de manera integral y estratégica.

— Soluciones basadas en la naturaleza: estudiar la integración de soluciones basadas en la naturaleza en las ciudades (parques, bosques urbanos, zonas verdes, cubiertas y fachadas vegetales) es cada vez más necesario por su colaboración en la disminución de la isla de calor (Kumar et al. 2024) y en la contaminación del aire (Shen and Lung 2017), en el mantenimiento del ciclo del agua (Ministerio de Fomento del Gobierno de España 2019), así como por los beneficios sociales que proporcionan para la salud (disminución del estrés, conexión con el entorno natural, fomento del ejercicio físico) y el bienestar (confort térmico y acústico). Por ello, hay que re-naturalizar las zonas infrautilizadas de la ciudad como solares en desuso, patios de manzanas, parkings en superficie, espacios circundantes a edificios públicos e infraestructuras docentes y sanitarias.

— Movilidad sostenible: La reducción del transporte contaminante y la promoción de una movilidad activa es una prioridad. Esto incluye la peatonalización de calles, la creación de carriles para bicicletas y patinetes, y la mejora del transporte público en términos de frecuencia, accesibilidad y seguridad (European Commission 2021).

En la Escuela de Arquitectura de la Universidad de Navarra, trabajamos en el ámbito de la Arquitectura Sostenible desde la década de 1990. A lo largo de estos años, hemos desarrollado tesis doctorales y proyectos de investigación centrados en la rehabilitación energética de edificios, la industrialización de viviendas bioclimáticas, la creación de guías para el diseño de edificios sostenibles, la monitorización y simulación energética, la vulnerabilidad social. Estos esfuerzos sentaron las bases para la creación, en 2007, del grupo de investigación SAVIArquitectura, cuyas siglas reflejan los pilares fundamentales de nuestra investigación: Sostenibilidad Ambiental, Vivienda, Industrialización y Arquitectura. El grupo está compuesto por 10 doctores arquitectos, 1 doctor ingeniero y 6 doctorandos, y tiene como principal objetivo la cuantificación de la arquitectura sostenible y regenerativa. Esto nos permite analizar el comportamiento de los edificios y las ciudades, así como el impacto que tienen en el medio ambiente y en la salud y bienestar de las personas.

Además, en 2010 pusimos en marcha el Máster en Diseño y Gestión Ambiental de Edificios (MDGAE), cuyo objetivo es formar expertos en sostenibilidad ambiental, social y económica. El programa enfatiza el diseño de edificios sostenibles, destacando la optimización del uso de energía, la limitación de emisiones, el uso eficiente de materiales, agua y suelo natural, y la mejora de la movilidad y la biodiversidad. También incluye la cuantificación de la sostenibilidad mediante simulación energética y análisis de ciclo de vida, y la validación de la arquitectura sostenible a través de la monitorización de edificios y certificaciones ambientales. A día de hoy, el Máster sigue vigente y sus egresados trabajan tanto en España como en diversos países europeos y latinoamericanos, extendiendo desde aquí el conocimiento adquirido.

Todo ello nos ha permitido avanzar, desde la arquitectura sostenible hacia la arquitectura regenerativa, con el firme compromiso de que nuestra labor docente e investigadora contribuya a una arquitectura más responsable con el medio ambiente y a mejorar la calidad de vida de las personas tanto en los edificios como en las ciudades.

En conclusión, la arquitectura sostenible y la arquitectura regenerativa no son solo una imperativa necesidad, sino que constituyen una oportunidad única para innovar, crear y liderar un futuro donde diseño y responsabilidad ambiental y social convergen. En una época de transición global, permanecer al margen del cambio equivale a quedarse rezagado. Por ello, el papel de la Universidad es fundamental, su contribución a través de la generación de conocimiento, la formación de profesionales conscientes de los retos ambientales, y su participación activa en la investigación y en el desarrollo de soluciones innovadoras, es fundamental para afrontar los desafíos que plantea el siglo XXI.

Referencias

Aparicio Azcárraga, P., C. Caballo Diéguez, F. Vargas Marcos, S. González Muñoz, M. Palau Miguel, M. Muñoz Cuesta, y S. Giménez Bru. 2022. "Plan Estratégico de Salud y Medioambiente". *Ministerio Para La Transición Ecológica y El Reto Demográfico*, 13-16.

Comisión Europea. 2013. "Hoja de Ruta Hacia Una Economía Hipocarbónica Competitiva En 2050".

Comisión Europea. 2019. "El Pacto Verde Europeo. COM/2019/640".

Comisión Europea. 2020. "Nuevo Plan de Acción Para La Economía Circular Por Una Europa Más Limpia y Más Competitiva".

Comisión Europea. 2021. "Efficient and Green Mobility". https://transport.ec.europa.eu/news-events/news/efficient-and-green-mobility-2021-12-14_en

European Commission. 2020. "A Renovation Wave for Europe - Greening Our Buildings, Creating Jobs, Improving Lives". *Angewandte Chemie International Edition* 6 (11): 951-952. 1 (April).

Instituto Tecnológico de Galicia. 2015. "Manual Técnico de BREEAM ES Nueva Construcción". Fundación Instituto Tecnológico de Galicia.

Institute Well Building Standard. 2018. "The Well Certification Guidebook", 1-27.

Kumar, P., S.E. Debele, S. Khalili, C.H. Halios, J. Sahani, N. Aghamohammadi, M.F. Andrade, et al. 2024. "Urban Heat Mitigation by Green and Blue Infrastructure: Drivers, Effectiveness, and Future Needs". *Innovation* 5 (2): 100588. https://doi.org/10.1016/j.xinn.2024.100588

Ministerio de Fomento del Gobierno de España. 2019. "Agenda Urbana Española".

Ministerio de Transportes, Movilidad y Agencia Urbana. 2020. "Eresee 2020".

Monge-Barrio, A., & A. Sánchez-Ostiz Gutiérrez. 2018. *Passive Energy Strategies for Mediterranean Residential Buildings.* http://link.springer.com/10.1007/978-3-319-69883-0

ONU. 2015. "Acuerdo de París". https://unfccc.int/sites/default/files/spanish_paris_agreement.pdf

Parlamento Europeo y Consejo de la Unión Europea. 2012. "Directiva 2012/27/UE Relativa a La Eficiencia Energética", *Diario Oficial de La Unión Europea*, 1-56.

Rose, J., K. Engelund Thomsen, S. Domingo-Irigoyen, R. Bolliger, D. Venus, T. Konstantinou, E. Mlecnik, et al. 2021. "Building Renovation at District Level - Lessons Learned from International Case Studies". *Sustainable Cities and Society* 72 (September). https://doi.org/10.1016/j.scs.2021.103037

Shen, Y.S., & S. Chun Candice Lung. 2017. "Mediation Pathways and Effects of Green Structures on Respiratory Mortality via Reducing Air Pollution". *Scientific Reports* 7 (October): 1-9. https://doi.org/10.1038/srep42854

World Health Organization. 2016. *Ambient Air Pollution: A Global Assessment of Exposure and Burden of Disease.*

World Health Organization. 2018. "Heat and Health". https://www.who.int/news-room/fact-sheets/detail/climate-change-heat-and-health

World Health Organization. 2023. "Assessing the Value of Urban Green and Blue Spaces for Health and Well-Being". *WHO Regional Office for Europe*, 1-17. https://www.who.int/europe/publications/i/item/WHO-EURO-2023-7508-47275-69347

6

Pensando la sostenibilidad desde una facultad de Economía y Empresa

Isabel Rodríguez-Tejedo

Facultad de Ciencias Económicas y Empresariales, Universidad de Navarra

La sostenibilidad se ha convertido en un tema central en nuestras discusiones sobre el futuro. No es sólo una palabra de moda, sino una necesidad urgente para garantizar que nuestro planeta y nuestras sociedades sigan siendo viables a largo plazo. La Jornada "Nos toca preparar el futuro. Pensar la sostenibilidad", organizada por el Instituto Core Curriculum de la Universidad de Navarra en diciembre de 2023, abordó este desafío. En concreto, en la sesión "De qué hablamos cuando hablamos de sostenibilidad" se exploraron los matices y la evolución de este concepto tan fundamental, que significa a veces cosas muy diversas para personas diferentes en distintos momentos del tiempo.

En la sesión tuvimos ocasión de reflexionar sobre cómo ha evolucionado la idea de sostenibilidad, mencionar muy brevemente el impacto previsible en el ámbito corporativo e incluso nos atrevimos a preguntar a quien compartió la discusión qué podemos hacer cada uno de nosotros, provocación que quisiera extender a quien lea estas palabras. Porque, en palabras de Jane Goodall, "lo que hacemos marca la diferencia, y tenemos que decidir qué tipo de diferencia queremos marcar". Como ciudadanos, con nuestro voto y nuestra opinión. Como agentes económicos en sentido amplio, ya sea en nuestro papel de consumidores, además de trabajadores o empresarios. Y en el foro en el que nos encontramos, la Universidad, como profesores o en general gente que se dedica al hermoso hacer de formar futuros profesionales. En concreto, como profesores dedicados a la economía y la empresa, ¿cómo pensamos la sostenibilidad, para que sea algo que nuestros estudiantes integren en su visión del propósito de la empresa moderna, y para qué lo hacemos?

Primero, qué pensamos cuando pensamos en sostenibilidad. La intersección entre sostenibilidad y empresa, como concepto, no es algo nuevo en las escuelas de negocios. En la década de 1950, Howard Bowen, a menudo considerado el padre de la responsabilidad social corporativa, planteó la idea de que los empresarios tienen una responsabilidad hacia la sociedad que va más allá de simplemente generar beneficios. No deja de ser curioso que en una época donde el modelo *"Mad Men"* era admirado en el ecosistema empresarial, alguien estaba ya pensando en cómo los negocios deben ayudar a la sociedad. R. Edward Freeman dio otro giro a la tuerca en 1984, con su teoría del *stakeholder*. En ella, Freeman argumenta que hacer negocios no sólo consiste en ganar dinero, sino en cómo las empresas interactúan con sus clientes, proveedores, empleados, financiadores y comunidades para crear valor. Esta teoría desafió la noción de Milton Friedman de 1972, quien defendía que la única responsabilidad social de los negocios era usar sus recursos para aumentar sus beneficios, siempre que respetaran "las reglas del juego". La definición de desarrollo sostenible de Gro Harlem Brundtland en 1986, quizá una de las más utilizadas hoy en día, reza que ser sostenible consiste en "satisfacer las necesidades del presente sin comprometer las necesidades de las futuras generaciones" (United Nations 1987). Esto supuso añadir una nueva dimensión, integrando las consideraciones intergeneracionales en el debate. Y luego, en 1994, John Elkington introdujo la triple cuenta de resultados (Triple Bottom Line), argumentando que las empresas deben ser evaluadas no sólo por sus beneficios económicos, sino también por su impacto social y ambiental.

Estas ideas no se quedaron en los libros y las aulas. Las empresas también las adoptan, reconociendo que su éxito a largo plazo depende de su capacidad para generar ganancias económicas gestionando además su impacto, positivo o negativo, en el bienestar social y la protección del medioambiente. Con cierta sorna, se puede decir que ha sido como si algunos (¿o muchos?) en el mundo empresarial hubieran tomado una clase de yoga, buscando el equilibrio perfecto entre su bienestar financiero, social y ambiental.

Pasar de la teoría a la práctica no siempre es sencillo, pero las empresas han encontrado maneras innovadoras de gestionar los riesgos asociados con la sostenibilidad. Muchas empresas ahora se esfuerzan por minimizar las consecuencias adversas de sus operaciones, no sólo para proteger su reputación y gestionar y mitigar riesgos, sino también para asegurar su viabilidad a largo plazo. Algunas han adoptado políticas de "ecoeficiencia", que buscan producir más usando menos recursos y generando menos residuos. Esto no sólo ayuda al medio ambiente, sino que también puede reducir los costes de operación. ¡Es un ganar-ganar!

Pero como todos sabemos, a veces hace falta un empujoncito exterior, y es evidente que las regulaciones cada vez más estrictas han empujado a las empresas a reportar más sobre lo que hacen y a pensar en formas de mejorar su impacto social y medioambiental. Esta tendencia regulatoria sigue en auge, y habrá oportunidades para empresas que puedan aprovechar el tsunami de la sostenibilidad como ola que levanta, en vez de aplastar. Estas empresas ven el reclamo social de que las organizaciones sean más sostenibles no sólo como una necesidad de evitar problemas; sino también como una ocasión para identificar y aprovechar oportunidades. Las empresas que adoptan prácticas sostenibles pueden descubrir nuevas áreas de crecimiento y crear valor a largo plazo para sus accionistas y la sociedad en general, aunque es tentador intentar beneficiarse del "brillo" de la sostenibilidad sin hacer el esfuerzo necesario para un cambio real.

Un ejemplo que se menciona a menudo es el de Unilever, que ha integrado la sostenibilidad en el núcleo de su estrategia empresarial. Su Plan de Vida Sostenible proclama reducir el impacto ambiental de sus productos, mejorar la salud y el bienestar de más de mil millones de personas y mejorar las condiciones de vida de millones de personas en su cadena de suministro. Elijo este ejemplo porque también ilustra la otra cara de la moneda: Unilever también ha sido acusada de *"greenwashing"* (Gheorghiu 2023). Este "lavado verde" consiste en una estrategia de marketing donde se exageran los esfuerzos medioambientales en lugar de implementar prácticas auténticas de sostenibilidad. Esta dualidad resalta la importancia de la transparencia y la rendición de cuentas, porque el *greenwashing* no sólo puede dañar la reputación de una empresa, sino también menoscabar la confianza del público, retrasando el progreso real hacia la sostenibilidad.

Patagonia, la marca de ropa al aire libre, es otro buen ejemplo de generación de valor gracias a la sostenibilidad y la responsabilidad social. Patagonia basa su modelo en la utilización de materiales reciclados y sostenibles en sus productos, combinado con la donación de un pequeño porcentaje de sus ventas a iniciativas medioambientales. Esta estrategia no sólo ha fortalecido su reputación y la fidelidad de los clientes, sino que ha convertido a la empresa en un referente que pretende demostrar que es posible tener éxito empresarial mientras se protege el planeta.

Mientras grandes corporaciones como Patagonia lideran con ejemplos muy reconocibles, es crucial reconocer que la mayoría de las empresas, especialmente las PYMES, se enfrentan a desafíos únicos en la integración de prácticas sostenibles. Y, sin embargo, muchas innovan y crean valor no sólo económico, sino también social y medioambiental. AIM2Flourish, una iniciativa del Fowler Center for Business as an Agent of World Benefit, recoge miles de historias de empresas que demuestran que los buenos negocios no sólo no tienen por qué ser malos para la sociedad o el planeta, sino que pueden ser una fuerza para la prosperidad en su sentido más amplio.

La sostenibilidad en la empresa ha recorrido un largo camino desde los días de Howard Bowen. Lo que comenzó como una idea voluntaria para contrarrestar los problemas económicos derivados de la actividad cotidiana se ha transformado en un imperativo empresarial global. La obligatoriedad de reportar en temas de impacto social y medioambiental ha tenido efectos reales sobre el comportamiento de las empresas (Christensen et al. 2021), y es un reflejo de una demanda social más amplia. Hoy, las empresas no sólo deben considerar sus beneficios financieros, sino también su impacto en la sociedad y el medio ambiente. Al minimizar las consecuencias adversas y maximizar la creación de valor compartido, los empresarios pueden asegurar la viabilidad de sus empresas a largo plazo y contribuir a un futuro más sostenible tomando decisiones que aúnen objetivos económicos, sociales y medioambientales.

Esta necesaria evolución de las prácticas empresariales resalta la importancia de formar e inspirar a la próxima generación de líderes empresariales para que pongan la sostenibilidad en el centro. Los estudiantes de hoy, que serán los tomadores de decisiones del mañana, tienen el potencial de llevar estas prácticas a nuevos horizontes.

Sabemos que las características e ideas de los gestores sobre sostenibilidad influencian significativamente las políticas de sostenibilidad de las empresas (Landrum 2018; Shahab et al. 2020). Las empresas de cualquier tamaño pueden ser una poderosa fuente de innovación. Empresas que crean materiales de construcción o telas más sostenibles, exploran prácticas agrícolas regenerativas, dan soluciones de movilidad más amables, usan energías renovables y encuentran sinergias con las comunidades en las que existen, favoreciendo el empoderamiento femenino y de minorías, o buscan oportunidades de negocio en atender nuevas demandas sociales.

Reflexionar sobre las múltiples maneras en que las empresas pueden innovar sosteniblemente nos permite imaginar un futuro donde la sostenibilidad forme parte integral de todas las operaciones empresariales, y para ello necesitamos que las personas que las dirigen entiendan la sostenibilidad como algo irrenunciable. Pensemos en la sostenibilidad en nuestras facultades, enseñemos la sostenibilidad en nuestros cursos, normalicemos la sostenibilidad como una parte fundamental de la labor de la empresa en nuestros programas. Y, quién sabe, quizás algún día, la sostenibilidad ya no sea una necesidad urgente, sino simplemente la forma en que hacemos negocios.

Referencias

Bowen, H.R. 2013. *Social responsibilities of the businessman.* University of Iowa Press.

Christensen, H.B., L. Hail & C. Leuz. 2021. "Mandatory CSR and sustainability reporting: Economic analysis and literature review". *Review of Accounting Studies*, 26(3): 1176-1248.

Freeman, R.E. 2010. *Strategic management: A stakeholder approach.* Cambridge University Press.

Friedman, M. 2007. "The social responsibility of business is to increase its profits". In *Corporate ethics and corporate governance*, edited by W.Ch. Zimmerli, M. Holzinger & K. Richter, 173-178. Berlin, Heidelberg: Springer Berlin Heidelberg.

Gheorghiu, I. 2023. "Unilever under UK investigation for alleged greeenwashing of product". *ESGNews: ESFDive* (December 20).
https://www.esgdive.com/news/unilever-greenwashing-investigation-uk/703047/#:~:text=The%20CMA's%20initial%20review%20of,sustainability%20of%20the%20entire%20item

Elkington, J. & I.H. Rowlands. 1999. "Cannibals with forks: The triple bottom line of 21st century business". *Alternatives Journal* 25(4): 42-43.

Landrum, N.E. 2018. "Stages of corporate sustainability: Integrating the strong sustainability worldview". *Organization and Environment* 31(4): 287-313.
http://dx.doi.org/10.1177/1086026617717456

United Nations. 1987. *Report of the World Commission on Environment and Development: Our common future.* Disponible:
https://digitallibrary.un.org/record/139811/files/A_42_427-ES.pdf

7

Seis debates conceptuales y de gestión en torno a los que se ha construido la historia de la sostenibilidad entre 1948 y 2024

Alberto Andreu Pinillos, Isabel Garcia Tejerina

Profesores del Máster de Sostenibilidad, Universidad de Navarra

Desde que en 1948 se aprobase la *Declaración Universal de los Derechos Humanos* (Naciones Unidas 1948), después de la II Guerra Mundial, como un consenso histórico sobre los valores y principios esenciales para garantizar una vida digna en sociedad para todos los seres humanos, hasta hoy, cuando el mundo ha realizado avances significativos en materia climática –*Acuerdo de Paris* (Naciones Unidas 2015)– y la Unión Europea ya ha aprobado sus últimas regulaciones en materia ambiental –*Ley Europea del Clima –Reglamento (UE) 2021/1119* (Unión Europea 2021)–, de derechos humanos –*Directiva (UE) 2024/1760 sobre la diligencia debida en materia de sostenibilidad de las empresas (CSDDD)* (Unión Europea 2024)–, o de transparencia –*Directiva 2022/2464 (UE) sobre información corporativa en materia de sostenibilidad* (CSRD por sus siglas en inglés) (Unión Europea 2022)–, han pasado casi ochenta años de historia que requieren de una reflexión calmada.

A la luz de estos cerca de ochenta años de historia, el objetivo de este artículo es doble: (1) presentar los que, a juicio de los autores, han sido los principales debates que se han generado en estos años; y (2) trasmitir a través de estos la idea de que la sostenibilidad no es una moda reciente, sino una disciplina que se asienta en realidades económicas y científicas significativas, para, como establece la Comisión Europea, "transformar la UE en una sociedad equitativa y próspera, con una economía moderna, eficiente en el uso de los recursos y competitiva" (Comisión Europea 2019).

Los debates identificados tras la revisión de los principales instrumentos internacionales relacionados con la sostenibilidad (*mandatory* o *voluntary*), son los siguientes:

Primero: *la evolución hacia un concepto comúnmente aceptado, tanto en lo académico como en sus implicaciones en la empresa*

Aunque no es sencillo encontrar una única definición comúnmente aceptada de sostenibilidad, sí existe un consenso más o menos extendido de que la sostenibilidad se articula en torno a una serie de pilares básicos: creación de valor a largo plazo para los *Stakeholders* (Freeman 1984; Business Roundtable 2019; WEF 2019), frente al modelo de creación de valor exclusivamente para los *Shareholders* (Friedman 1970); equilibrar las necesidades de las generaciones de hoy con las del mañana (Naciones Unidas 1987); gestionar riesgos, oportunidades e impactos asociados al desarrollo económico, social y ambiental (DJSI 1999; Unión Europea 2022) y construir un modelo de gobernanza transparente y capaz de generar confianza en los mercados (G20/OCDE 2016). Para llegar a estos principios básicos se ha pasado por muchas aproximaciones, entre las que pueden destacarse las siguientes: el entendimiento como una idea voluntaria de los empresarios (Bowen 1953); el concepto de desarrollo sostenible consolidado en el informe Brundtland (Naciones Unidas 1987); la formulación de la teoría de la triple cuenta de resultados –económica, social y ambiental– (Elkington 1998); la identificación de las tres dimensiones de la sostenibilidad –(E) ambiental, (S) social y (G) gobernanza– (Pacto Mundial 2004); la teoría del valor compartido (Porter & Kramer 2014); y la formulación de la idea de "negocio responsable", que persigue trascender la politización de los conceptos de sostenibilidad y ESG que vivimos actualmente en algunos ámbitos (Robins 2022).

Segundo: *la incorporación de los Derechos Humanos en la gestión empresarial*

Desde que se aprobase la Declaración Universal de los Derechos Humanos (Naciones Unidas 1948), hasta hoy, que ya está aprobada en Europa la Directiva (UE) 2024/1760 sobre la diligencia debida en materia de sostenibilidad de las empresas (CSDDD) (Unión Europea 2024), el debate sobre la incorporación de los derechos humanos en la empresa ha pasado de un debate ideológico a otro de gestión. Los Principios Rectores sobre las Empresas y los Derechos Humanos de la ONU, también conocidos como Principios de Ruggie (Naciones Unidas 2011) que apuntaban el deber del Estado de proteger y prevenir a los ciudadanos frente a los abusos contra los derechos humanos, la responsabilidad de las empresas de respetar los derechos humanos, y la necesidad de ayudar a las víctimas a conseguir la reparación, empezaron a normalizar el debate en el mundo corporativo. Para llegar hasta la situación actual, han sido necesarias iniciativas como la Declaración tripartita de principios sobre empresas multinacionales y la política social (OIT 2022 [1977]), las Directrices para empresas multinacionales sobre Conducta Empresarial Responsable (OCDE 2023 [2011]) o las diferentes leyes en diferentes estados del mundo, tales como la *Modern Slavery Act* del Reino Unido (2015), la *Loi relative au devoir de vigilance des sociétés mères et des entreprises donneuses d'ordre*, francesa (2017), o las *Dodd-Frank Act* (2010) y *Uyghur Forced Labor Prevention Act* (2021) de Estados Unidos.

Tercero: *la lucha contra el cambio climático*

Las cuestiones medioambientales han ido ganando importancia en todo lo referente a la sostenibilidad desde la primera cumbre de la Tierra de Naciones Unidas (Naciones Unidas 1972) y a partir de la incorporación del medioambiente como política comunitaria en el Acta Única Europea (Unión Europea 1987). La lucha contra el cambio climático es el principal desafío medioambiental que enfrenta la humanidad, con enormes repercusiones en otros ámbitos de índole social y económico. Hoy, la Ley Europea del Clima –desarrollada en el Reglamento (UE) 2021/1119 (Unión Europea 2021)– vincula jurídicamente a la Unión Europea con el objetivo de alcanzar la neutralidad climática en 2050, pasando por el objetivo intermedio de reducir las emisiones de Gases Efecto Invernadero (GEI) un 55% sobre la base de 1990 para 2030. Para llegar hasta aquí, se han puesto en marcha numerosos acuerdos internacionales, fundamentalmente en el ámbito de Naciones Unidas, entre los que destacan la Convención Marco de las Naciones Unidas sobre el cambio climático acordado en la cumbre de Río (Naciones Unidas 1992), el Protocolo de Kioto (Naciones Unidas 1997) y, sobre todo, el Acuerdo de París, en el que se acuerda el objetivo a largo plazo de mantener el aumento de la temperatura media mundial muy por debajo de 2 °C con respecto a los niveles preindustriales, y proseguir los esfuerzos para limitar ese aumento de la temperatura a 1,5 °C (Naciones Unidas 2015). La Unión Europea estableció la sostenibilidad como eje de su estrategia de crecimiento, por medio del Pacto Verde Europeo (Comisión Europea 2019).

Cuarto: *la equiparación progresiva de la información no financiera (o de sostenibilidad) a la información financiera en todos los aspectos a través de unas "normas internacionales contables de la sostenibilidad"*

El motivo de este proceso de equiparación iniciado en 1997 con la creación del Global Reporting Iniciative (GRI) es claro: los aspectos anteriormente llamados "No Financieros" (hoy llamados de sostenibilidad) generan importantes impactos financieros en el mercado, positivos… pero también negativos (Andreu & Castilla 2023). ¿Cuánto dinero representan, por ejemplo, los riesgos climáticos para un país o una empresa? ¿Cuánto dinero han costado, por ejemplo, los grandes escándalos corporativos? Por eso se ha producido un movimiento internacional en busca de unos estándares de reporte de la información de sostenibilidad (una suerte de "normas contables de sostenibilidad") que introduzcan mecanismos de transparencia para que, cualquiera que financie una empresa (inversores, financiadores, bonistas, etc.), tenga claro el nivel de riesgo que asume al realizar operaciones con ella… en todos sus ámbitos (financieros y no financieros). Por tanto, para conocer hoy la viabilidad de cualquier compañía es necesario analizar toda la información de la empresa en su conjunto: la financiera y la de sostenibilidad.

En la actualidad existen dos grandes movimientos que tienen como objetivo construir progresivamente la que podría denominarse "contabilidad de la sostenibilidad". Por una parte, está el movimiento europeo, que ya cuenta con un reflejo en el ordenamiento jurídico a través de la *Directiva 2022/2464 (UE) sobre información corporativa en materia de sostenibilidad* (CSRD por sus siglas en inglés) (Unión Europea 2022) y su desarrollo en las *Normas Europeas de Información sobre Sostenibilidad* (NEIS), aprobadas por el Reglamento Delegado (UE) 2023/2772 (Comisión Europea 2023) y preparado por el European Financial Reporting Advisory Group (EFRAG). Esta norma modifica la anterior *Directiva 2014/95/UE* (Unión Europea 2014a) en la que se hablaba de información no financiera, expresión que trasmitía la idea errónea de que los aspectos de sostenibilidad no tenían impactos financieros.

Por otra, se encuentra el movimiento internacional, impulsado por la Fundación IFRS (International Financial Reporting Standards) y su consejo, el ISSB (International Sustainability Standards Board), cuyos dos primeros estándares de sostenibilidad –IFRS 1 e IFRS 2– (ISSB 2023), ya se han incorporado a 20 países como Australia, Brasil, Canadá, Costa Rica, Japón, Nueva Zelanda, Singapur, Reino Unido o Turquía (ISSB 2024a), que representan más del 55% del PIB mundial y más del 40% de la capitalización del mercado global (ISSB 2024b). Si a estos datos añadimos que los 27 países miembros de la UE que siguen los estándares diseñados por EFRAG representaban en 2023 aproximadamente el 18% del PIB mundial y alrededor del 11% de la capitalización, podríamos decir que cerca del 73% del PIB mundial y el 51% de la capitalización bursátil estaría afectada por los estándares de sostenibilidad (Banco Mundial).

Conviene recordar que ambos organismos que impulsan estas "normas contables de la sostenibilidad" desde Europa y a nivel global (EFRAG e IFRS) surgieron en 2001 para desarrollar la normativa contable de las empresas.

Quinto: *la mejora de la gobernanza corporativa para impulsar la transparencia en los procesos de toma de decisiones*

Desde el estallido del escándalo de ENRON en octubre de 2001, que arrastró a la desaparición de su auditor, Arthur Andersen (Adam 2002), hasta hoy, se han sucedido un gran número de escándalos corporativos que han supuesto inmensos quebrantos patrimoniales para sus accionistas. Este caso, y otros como los de WorldCom, Parmalat, Merryl Linch, Lehman Brothers, Wells Fargo, Madoff Investments, Odebrecht... llevaron a los reguladores a reforzar los sistemas internos de gobernanza y de transparencia en el proceso de toma de decisiones. En Estados Unidos se aprobó la *Sarbanes Oaxley Act* (U.S. Congress 2002) que obligaba a las empresas a mantener un riguroso sistema de control interno. Europa, en 2014, pondría en marcha dos iniciativas relevantes: la

Directiva (UE) 2014/56 sobre auditoría legal de las cuentas anuales, con requisitos similares (Unión Europea 2014b) en materia de controles internos; y la ya citada *Directiva 2014/95/UE* en la que se estableció que las empresas sujetas a la Directiva deben incluir "en su informe de gestión una declaración no financiera que contenga, como mínimo, información necesaria para comprender la evolución, los resultados y la situación de la empresa, y el impacto de su actividad, en relación con, al menos, cuestiones medioambientales, sociales y relativas al personal, el respeto de los derechos humanos, la lucha contra la corrupción y el soborno". Y, en el caso español, cabe destacar el *Código de buen gobierno de las sociedades cotizadas* (CNMV 2015, revisión 2020) en el que se definían 64 recomendaciones divididas en varios principios que abordan cuestiones relacionadas con el buen gobierno corporativo y la *Ley 11/2018* (España 2018) trasposición de la *Directiva 2014/95/UE* que introdujo la obligatoriedad de someter los Estados de Información No Financiera (EINF) a proceso de verificación o aseguramiento limitado por parte de un tercero.

Sexto: *la necesidad de canalizar fondos hacia inversiones sostenibles*

El sistema financiero está llamado a desempeñar un papel determinante en la sostenibilidad, no solo como palanca de gestión de riesgos y oportunidades asociadas al desarrollo económico, social y ambiental, sino también porque la transformación requerida necesita de numerosas inversiones. El propio Acuerdo de París tiene entre sus objetivos "situar los flujos financieros en un nivel compatible con una trayectoria que conduzca a un desarrollo resiliente al clima y con bajas emisiones de gases de efecto invernadero" (Naciones Unidas 2015). Por otro lado, desde que en 1999, fecha en la que se creó el Dow Jones Sustainability Index (DJSI), uno de los índices de inversión de referencia en el mundo de la sostenibilidad, hasta hoy, cuando ya se han aprobado tanto en la UE como en otros países instrumentos como la Taxonomía –acuerdo *Reglamento (UE) 2020/852* (Unión Europea 2020)–, que buscan la canalización de fondos hacia actividades catalogadas como sostenibles, los mercados financieros han ido incorporando progresivamente la sostenibilidad entre sus variables a analizar. En este proceso también se enmarca el movimiento de la inversión socialmente responsable (ISR) impulsada por índices (o familias de índices) como el FTSE4Good (2001), MSCI ESG Indexes (2010); Stoxx Global ESG Leaders Indices (2011); Euronext Vigeo Eiris Indices (2013), etc.

En el seno de la Unión Europa, la comunicación de la Comisión titulada "Plan de Acción: financiar el desarrollo sostenible" (Comisión Europea 2018), señala que se requiere reorientar el capital privado hacia inversiones más sostenibles; que se debe garantizar la estabilidad del sistema financiero mediante la incorporación de criterios de sostenibilidad en las decisiones de inversión; y que se debe fomentar la transparencia y el largoplacismo en la economía –en línea con la *Directiva (UE) 2017/828* para fomentar la implicación a largo plazo de los accionistas (Unión Europea 2017). A partir de ahí se aprobarían normas como el Reglamento de Divulgación de las Finanzas Sostenibles (SFDR) –*Reglamento (UE) 2019/2088* (Unión Europea 2019)–, el Reglamento de Taxonomía –*Reglamento (UE) 2020/852* (Unión Europea 2020)–, o el Reglamento de Bonos Verdes –*Reglamento (UE) 2023/2631* (Unión Europea 2023)–, entre otros.

En conclusión

Todos estos debates han terminado en el ordenamiento jurídico de muchos países, en lo que ya se ha dado en llamar el "Tsunami Regulatorio en sostenibilidad" (Andreu Pinillos, Castilla Vida, Galvez Cardona & García Tejerina 2024). Según datos de Datamarán, a inicios de 2024, en el seno de la UE había activas 621 iniciativas de tipo *hard low* o *mandatory* (es decir, acciones o medidas que las organizaciones, empresas o gobiernos adoptan por mandato legislativo) y 563 *soft law* o *voluntary* (es decir, acciones o programas que las organizaciones, empresas o gobiernos adoptan por propia voluntad, sin estar obligados por leyes o regulaciones); en 2010, había poco más de 20. Pero, contra lo que se podría sospechar, esta no es solo una tendencia europea, sino que también se ve en los Estados Unidos (y a nivel federal) donde había 649 iniciativas *mandatory* y 381 *voluntary* (frente a las 15 y 12, respectivamente en 2010). Este dato demuestra cómo iniciales declaraciones orientadas a construir sociedades mejores terminan recogidas en los ordenamientos jurídicos de los países (Andreu et al. 2024).

No estamos, por tanto, ante una moda reciente; estamos ante un proceso cercano a los ochenta años de historia en el que, aunque se ha avanzado de forma notable, aún queda un camino complejo y arduo por recorrer. No olvidemos que, en el campo de la ciencia, una disciplina con ochenta años de historia es una disciplina joven. Por eso, en ese camino que queda aún por recorrer, se necesitarán de numerosas disciplinas y actores que conforman el entramado de la sostenibilidad, porque los retos afrontados son tan trascendentes que deben ser abordados por todos, en beneficio de todos y en beneficio del cuidado de la casa común en la que vivimos. En palabras del papa Francisco: "Hago una invitación urgente a un nuevo diálogo sobre el modo como estamos construyendo el futuro del planeta. Necesitamos una conversación que nos una a todos, porque el desafío ambiental que vivimos, y sus raíces humanas, nos afectan y nos tocan a todos" (Francisco 2015).

Referencias

Adam, A. 2002. "Enron-Andersen. Un caso para análisis y reflexión". *Revista Contaduría y Administración* 207 (octubre-diciembre): 31-37.

Andreu Pinillos, A., A. Castilla Vida, M. J. Galvez Cardona, e I. García Tejerina. 2024. "Sostenibilidad: El tsunami regulatorio que viene (III)". *EY España.*
https://www.ey.com/es_es/insights/rethinking-sustainability/sostenibilidad-tsunami-regulatorio-iii

Andreu Pinillos, A. y A. Castilla Vida. 2023. "Sostenibilidad: De los cuentos a las cuentas". *Instituto de Auditores Internos de España.*
https://auditoresinternos.es/sostenibilidad-de-los-cuentos-a-las-cuentas/

Assemblée Nationale, France. 2017. "Loi relative au devoir de vigilance des sociétés mères et des entreprises donneuses d'ordre".
https://www.legifrance.gouv.fr/jorf/id/JORFTEXT000034290626

Banco Mundial. "GDP (current US$) - European Union". Recuperado de
https://data.worldbank.org/indicator/NY.GDP.MKTP.CD?locations=EU&view=mapDatos

Bowen, H. R. 1953. *Social Responsibilities of the Businessman*. Nueva York: Harper & Brothers.

Business Roundtable. 2019. "Business Roundtable Redefines the Purpose of a Corporation to Promote 'An Economy That Serves All Americans'".
https://www.businessroundtable.org/business-roundtable-redefines-the-purpose-of-a-corporation-to-promote-an-economy-that-serves-all-americans

Comisión Europea. 2018. "Comunicación de la Comisión al Parlamento Europeo, al Consejo, al Comité Económico y Social Europeo y al Comité de las Regiones sobre el Plan de Acción: Financiación del Crecimiento Sostenible". *CELEX 52018DC0097.*
https://eur-lex.europa.eu/legal-content/ES/TXT/PDF/?uri=CELEX:52018DC0097

Comisión Europea. 2019. "Comunicación de la Comisión al Parlamento Europeo, al Consejo Europeo, al Consejo, al Comité Económico y Social Europeo y al Comité de las Regiones: El Pacto Verde Europeo".
https://eur-lex.europa.eu/legal-content/ES/TXT/HTML/?uri=CELEX:52019DC0640

Comisión Europea. 2023. *Normas Europeas de Información sobre Sostenibilidad.*
https://www.boe.es/buscar/doc.php?id=DOUE-L-2023-81893

Comisión Nacional del Mercado de Valores (CNMV). 2020 [2015] *Código de buen gobierno de las sociedades cotizadas.* (edición revisada).
https://www.cnmv.es/DocPortal/Publicaciones/CodigoGov/CBG_2020.pdf

Dow Jones Sustainability Index (DJSI). A partir de 1999. DJSI - Índices | S&P Dow Jones Indices (spglobal.com)

Elkington, J. 1998. *Cannibals with Forks: The Triple Bottom Line of 21st Century Business.* Gabriola Island, BC: New Society Publishers.

España. *Ley 11/2018, de 28 de diciembre, por la que se modifica el Código de Comercio, el texto refundido de la Ley de Sociedades de Capital aprobado por el Real Decreto Legislativo 1/2010, de 2 de julio, y la Ley 22/2015, de 20 de julio, de Auditoría de Cuentas, en materia de información no financiera y diversidad.* Boletín Oficial del Estado, núm. 314, de 29 de diciembre de 2018, pp. 128661-128694.
https://www.boe.es/diario_boe/txt.php?id=BOE-A-2018-17989

Francisco (papa) 2015. Encíclica, *Laudato Si': Sobre el cuidado de la casa común.* Librería Editora Vaticana, 24 de mayo.
https://www.vatican.va/content/francesco/es/encyclicals/documents/papa-francesco_20150524_enciclica-laudato-si.html

Freeman, R. E. 1984. *Strategic Management: A Stakeholder Approach.* Cambridge: Cambridge University Press.

Friedman, M. 1970. "A Friedman doctrine-The Social Responsibility of Business Is to Increase Its Profits". *The New York Times Magazine,* september 13.
https://www.nytimes.com/1970/09/13/archives/a-friedman-doctrine-the-social-responsibility-of-business-is-to.html

G20/OCDE. 2016 (revisado en 2023). *Principios de Gobierno Corporativo del G20/OCDE.* París: Organización para la Cooperación y el Desarrollo Económicos.
https://www.oecd.org/corporate/principles-corporate-governance/

Global Reporting Iniciative (GRI). A partir de 1997. GRI - Home (globalreporting.org)

Grupo Intergubernamental de Expertos sobre el Cambio Climático (IPCC). 2018. *Informe Especial sobre el Calentamiento Global de 1.5°C (SR15).* Ginebra: IPCC.
https://www.ipcc.ch/site/assets/uploads/sites/2/2019/09/SR15_Summary_Volume_spanish.pdf

House of Commons, UK. 2015. *Modern Slavery Act.*
https://www.legislation.gov.uk/ukpga/2015/30/contents/enacted

International Sustainability Standards Board (ISSB). 2023. "ISSB Issues Inaugural Global Sustainability Disclosure Standards".
https://www.ifrs.org/news-and-events/news/2023/06/issb-issues-ifrs-s1-ifrs-s2/

International Sustainability Standards Board (ISSB). 2024. "Progress Towards Adoption of ISSB Standards as Jurisdictions Consult".
https://www.ifrs.org/news-and-events/news/2024/04/progress-towards-adoption-of-issb-standards-as-jurisdictions-consult/

International Sustainability Standards Board (ISSB). 2024. "Jurisdictions Representing Over Half the Global Economy by GDP Take Steps Towards ISSB Standards".
https://www.ifrs.org/news-and-events/news/2024/05/jurisdictions-representing-over-half-the-global-economy-by-gdp-take-steps-towards-issb-standards/

Naciones Unidas. 1948. *Resolución adoptada por la Asamblea General: 217 (III) Carta Internacional de los Derechos del Hombre.*
https://documents.un.org/doc/resolution/gen/nr0/046/82/pdf/nr004682.pdf

Naciones Unidas. 1972. *Informe de la Conferencia de las Naciones Unidas sobre el Medio Humano (A/CONF.48/14/Rev.1).*
https://documents.un.org/doc/undoc/gen/n73/039/07/pdf/n7303907.pdf

Naciones Unidas. 1987. *Informe de la Comisión Mundial sobre el Medio Ambiente y el Desarrollo "Nuestro Futuro Común" (Informe Brundtland).*
https://www.ecominga.uqam.ca/PDF/BIBLIOGRAPHIE/GUIDE_LECTURE_1/CMMAD-Informe-Comision-Brundtland-sobre-Medio-Ambiente-Desarrollo.pdf

Naciones Unidas. 1992. *Informe de la Conferencia de las Naciones Unidas sobre el Medio Ambiente y el Desarrollo: Río de Janeiro, 3 al 14 de junio de 1992.*
https://documents.un.org/doc/undoc/gen/n92/836/58/pdf/n9283658.pdf

Naciones Unidas. 1997. *Protocolo de Kioto a la Convención Marco de las Naciones Unidas sobre el Cambio Climático.*
https://unfccc.int/resource/docs/convkp/kpspan.pdf.

Naciones Unidas. 2011. *Principios Rectores sobre las Empresas y los Derechos Humanos.*
https://www.pactomundial.org/wp-content/uploads/2015/04/Principios-Rectores-sobre-Empresas-y-Derechos-Humanos.-Naciones-Unidas-2011.pdf

Naciones Unidas. 2015. *Acuerdo de París.* Convención Marco de las Naciones Unidas sobre el Cambio Climático.
https://unfccc.int/sites/default/files/spanish_paris_agreement.pdf

OCDE. 2023 [2011]. *Directrices para empresas multinacionales sobre Conducta Empresarial Responsable* (edición revisada). Paris: OECD Publishing.
https://doi.org/10.1787/7abea681-es

Organización Internacional del Trabajo (OIT). 2022 [1977]. *Declaración Tripartita de Principios sobre las Empresas Multinacionales y la Política Social (Sexta Edición)*. Ginebra: OIT.
https://www.ilo.org/es/media/365146/download

Pacto Mundial. 2004. Informe *"Who cares wins". Connecting Financial Markets to a Changing World.*
https://documents1.worldbank.org/curated/en/280911488968799581/pdf/113237-WP-WhoCaresWins-2004.pdf

Porter, M.E. & M.R. Kramer. 2011. "Creating Shared Value: How to Reinvent Capitalism–And Unleash a Wave of Innovation and Growth". *Harvard Business Review* 89 (1/2): 62-77.
https://hbr.org/2011/01/the-big-idea-creating-shared-value

Robins, N. 2022. "How to Mobilise Finance for a Just Transition and Net Zero". *LSE Business Review*, 11 julio.
https://www.lse.ac.uk/granthaminstitute/news/how-to-mobilise-finance-for-a-just-transition-and-net-zero/

Sarbanes-Oxley Act. 2002. *Sarbanes-Oxley Act of 2002 Overview.*
https://sarbanes-oxley-act.com/

Unión Europea. 1987. *Acta Única Europea.*
https://eur-lex.europa.eu/legal-content/ES/TXT/PDF/?uri=CELEX:11986U/TXT

Unión Europea. 2014. *Directiva (UE) 2014/56 del Parlamento Europeo y del Consejo, de 16 de abril de 2014, por la que se modifica la Directiva 2006/43/CE relativa a la auditoría legal de las cuentas anuales y de las cuentas consolidadas*. Diario Oficial de la Unión Europea.
https://www.boe.es/buscar/doc.php?id=DOUE-L-2014-81094

Union Europea. 2014. *Directiva (UE) 2014/95 del Parlamento Europeo y del Consejo de 22 de octubre de 2014 sobre la divulgación de información no financiera y sobre diversidad por parte de ciertas grandes empresas y determinados grupos*. Diario Oficial de la Unión Europea, L158, 196-226.
https://www.boe.es/doue/2014/330/L00001-00009.pdf

Unión Europea. 2017. *Directiva (UE) 2017/828 del Parlamento Europeo y del Consejo de 17 de mayo de 2017 por la que se modifica la Directiva 2007/36/CE en lo que respecta al fomento de la implicación a largo*

plazo de los accionistas. Diario Oficial de la Unión Europea, L132, 1-25.
https://eur-lex.europa.eu/legal-content/ES/TXT/PDF/?uri=CELEX:32017L0828

Unión Europea. 2019. *Reglamento (UE) 2019/2088 del Parlamento Europeo y del Consejo de 27 de noviembre de 2019 sobre la divulgación de información relativa a la sostenibilidad en el sector de los servicios financieros.*
https://www.boe.es/buscar/doc.php?id=DOUE-L-2019-81907

Unión Europea. 2020. *Reglamento (UE) 2020/852 del Parlamento Europeo y del Consejo de 18 de junio de 2020 relativo al establecimiento de un marco para facilitar las inversiones sostenibles y por el que se modifica el Reglamento (UE) 2019/2088.* Diario Oficial de la Unión Europea, L 198: 13–43.
https://www.boe.es/buscar/doc.php?id=DOUE-L-2020-80947

Unión Europea. 2021. *Ley Europea del Clima -Reglamento (UE) 2021/1119.*
https://eur-lex.europa.eu/legal-content/ES/TXT/PDF/?uri=CELEX:32021R1119

Unión Europea. 2022. *Directiva (UE) 2022/2464 del Parlamento Europeo y del Consejo de 14 de diciembre de 2022 sobre la presentación de información sobre sostenibilidad por parte de las empresas (Directiva de información sobre sostenibilidad corporativa).* Diario Oficial de la Unión Europea, L322, 15-42.
https://www.boe.es/buscar/doc.php?id=DOUE-L-2022-81871

Unión Europea. 2023. *Reglamento (UE) 2023/2631 del Parlamento Europeo y del Consejo, de 22 de noviembre de 2023, sobre los bonos verdes europeos y la divulgación de información opcional para los bonos comercializados como bonos medioambientalmente sostenibles y para los bonos vinculados a la sostenibilidad.*
https://www.boe.es/buscar/doc.php?id=DOUE-L-2023-81722

Unión Europea. 2024. *Directiva (UE) 2024/1760 sobre la diligencia debida en materia de sostenibilidad de las empresas (CSDDD).*
https://www.boe.es/buscar/doc.php?id=DOUE-L-2024-81037

United States Congress. 2002. *Sarbanes Oaxley Act.*
https://www.congress.gov/bill/107th-congress/house-bill/3763

United States. 2010. *Dodd-Frank Wall Street Reform and Consumer Protection Act,* Public Law 111-203, 111th Congress, July 21.
https://www.congress.gov/bill/111th-congress/house-bill/4173

United States. 2021. *Uyghur Forced Labor Prevention Act*, Public Law
117-78, 117th Congress, December 23.
https://www.congress.gov/bill/117th-congress/house-bill/6256

WEF (World Economic Forum). 2019. "The Global Competitiveness
Report".
https://www3.weforum.org/docs/WEF_TheGlobalCompetitivenessReport2019.pdf

8

Sostenibilidad y economía circular

Marta Ormazábal y Carmen Jaca

Tecnun, Escuela de Ingeniería, Universidad de Navarra

1. Sostenibilidad y economía circular

La sostenibilidad es un concepto clave en la búsqueda de soluciones a los desafíos ambientales a los que nos enfrentamos en la actualidad. Estos desafíos, como el cambio climático, la pérdida de biodiversidad o el agotamiento de los recursos naturales, son complejos de abordar, debido a la interconexión de factores ecológicos, económicos y sociales que los causan y los agravan.

Además, estos problemas tienen su origen mismo en los sistemas económicos actuales, lo que hace que las acciones necesarias para su solución sean difíciles de implementar. El modelo económico lineal se basa en la extracción de materias primas, su producción global, consumo y desecho en forma de residuos sin valor, poniendo el foco en el consumo indiscriminado de productos fabricados en masa y enviados a grandes distancias para su consumo, lo que ha provocado la sobreexplotación de los recursos y la generación de emisiones y residuos.

La economía lineal ha contribuido al calentamiento global debido a su demanda de combustibles fósiles, el aumento de emisiones de CO_2 (Didenko et al. 2018) y otros gases de efecto invernadero (Costa et al. 2021). La biodiversidad también se ve degradada por este modelo, con la destrucción de hábitats, la contaminación, el agotamiento de recursos y la extinción de especies (Kolmykova 2020). La pérdida de biodiversidad se agrava aún más por la utilización en masa e indiscriminada de los recursos y la alta generación de residuos típica de una economía lineal (Buchmann-Duck & Beazley 2020). Además, esta acumulación de residuos y contaminantes derivados de esta economía lineal contribuye a la degradación de la calidad del aire, el agua y el suelo. Esta contaminación tiene efectos de amplio alcance, incluyendo daños a la salud humana y al medio ambiente. Actualmente, la contaminación del aire es una crisis global que causa más de 7 millones de muertes al año, afectando gravemente la salud de las personas y aumentando las enfermedades respiratorias y cardiovasculares (Danasekaran et al. 2016). Por si todo esto fuera poco, la urgencia de cambiar de modelo está también provocada por la mala gestión de los recursos naturales: el concepto del "Día de la Sobrecapacidad de la Tierra" marca el punto en el que hemos consumido todos los recursos que el planeta puede regenerar en un año, que desde 1974 que fue el 25 de diciembre se ha ido adelantando hasta el 1 de agosto (2024), evidenciando el agotamiento insostenible de nuestros recursos (Global Footprint Network 2024).

Como alternativa a esta economía lineal, la economía circular es un nuevo modelo económico alternativo, reparador y regenerativo, que pretende conseguir que los productos, componentes y recursos en general mantengan su utilidad y valor en el tiempo, reduciendo el consumo de recursos y la generación de residuos (Prieto-Sandoval et al. 2018). De esta manera, la economía circular busca minimizar el desperdicio y mantener los recursos en uso el mayor tiempo posible, mitigando así los impactos negativos que se desprenden del sistema económico lineal.

La economía circular utiliza distintas estrategias para ello, desde el ecodiseño, para crear productos duraderos y fáciles de reparar, la utilización de tecnologías limpias en la producción, para minimizar los impactos ambientales, la reutilización, para extender la vida útil de los productos, el uso frente a la propiedad, para maximizar el uso de los productos, o el reciclaje que convierte los residuos en nuevos materiales o piezas de recambio.

2. La innovación en la economía circular

La innovación es un componente esencial de la economía circular, ya que permite el desarrollo de nuevas tecnologías, modelos de negocio y enfoques de diseño que impulsan la circularidad (Prieto-Sandoval et al. 2019). Una de las áreas de innovación más importantes para la economía circular es el ecodiseño, que se enfoca en diseñar productos que sean más fáciles de reutilizar, reparar y reciclar (Karlsson & Luttropp 2006). Esto implica el uso de materiales sostenibles, el diseño modular y la creación de productos que tengan una vida útil más larga. El ecodiseño no solo reduce el desperdicio, sino que también puede mejorar la eficiencia de los recursos y reducir los costes a largo plazo (Borchardt et al. 2011).

Las nuevas tecnologías también juegan un papel crucial en la economía circular. Por ejemplo, la digitalización y el Internet de las Cosas (IoT) permiten un seguimiento más preciso de los materiales y productos a lo largo de su ciclo de vida (trazabilidad), facilitando su recuperación y reutilización (Cao et al. 2019). La impresión 3D es otra tecnología emergente que puede apoyar la economía circular al permitir la fabricación de piezas y productos a medida, reduciendo así el desperdicio de materiales.

La innovación también es necesaria para desarrollar nuevos modelos de negocio más circulares. Estos nuevos modelos pueden incluir el alquiler y los servicios de productos, en lugar de la venta tradicional (Han et al. 2020). Por ejemplo, las empresas pueden ofrecer servicios de suscripción y cobro por uso para productos como electrodomésticos, donde el fabricante sigue siendo el propietario del producto y se encarga de su mantenimiento, reparación y eventual reciclaje. Este enfoque incentiva a las empresas a diseñar productos más duraderos y fáciles de reparar y de esta manera se maximiza el uso de los productos, al ser utilizados por más personas.

3. El rol del consumidor en la economía circular

Los consumidores juegan un papel vital en la transición hacia una economía circular (Vidal-Ayuso 2023). Su comportamiento, decisiones de compra y actitudes hacia el consumo responsable son factores determinantes para el éxito de este modelo económico. La concienciación del consumidor es el primer paso hacia un cambio significativo en esta nueva economía. La información sobre los beneficios de la economía circular, los criterios de compra, el uso y mantenimiento de los productos y el modo en que debe disponerse de los productos al final de su vida útil es esencial. Las campañas de sensibilización y la educación sobre el impacto ambiental de las decisiones de compra pueden fomentar hábitos más sostenibles.

Esta información accesible y transparente sobre los productos es crucial para que los consumidores puedan tener un papel activo en todo el ciclo de vida de los productos: su sostenibilidad, cómo se han fabricado y cómo se pueden reciclar o reutilizar (Carvalho et al. 2016). Las etiquetas ecológicas y las certificaciones pueden ayudar a los consumidores a tomar decisiones informadas (Prieto-Sandoval 2016). Además, las plataformas digitales y las aplicaciones móviles pueden proporcionar información sobre la sostenibilidad de los productos y servicios, facilitando la adopción de prácticas de consumo responsable.

La responsabilidad del consumidor también implica un cambio en la mentalidad hacia la posesión y el uso de productos. En lugar de comprar y desechar, los consumidores pueden optar por alquilar, compartir o reparar productos. Siguiendo con el ejemplo anterior del electrodoméstico, en lugar de comprar uno nuevo, pueden alquilarlo o utilizar servicios de reparación para extender la vida útil del producto. Este cambio de comportamiento no solo reduce el desperdicio, sino que también puede ser más económico a largo plazo.

Además, los consumidores pueden influir en las prácticas empresariales a través de sus elecciones de compra. Al demandar productos sostenibles y apoyar a empresas que implementan prácticas circulares, los consumidores pueden incentivar a más empresas a adoptar estos modelos. En resumen, el rol del consumidor es crucial en la economía circular. A través de la concienciación, la información y la responsabilidad, los consumidores pueden contribuir significativamente a la creación de un sistema económico más sostenible y resiliente.

4. Beneficios económicos y sociales

Además de los evidentes beneficios ambientales que la economía circular puede generar, también existen múltiples beneficios sociales y económicos derivados de su adopción.

Al maximizar el uso de los recursos y reducir los residuos, las empresas pueden disminuir sus costes operativos. El uso de materiales provenientes de reciclado o la reutilización de materiales y remanufactura de piezas pueden generar ahorros a largo plazo, aunque implica un cambio de enfoque tanto en las compras como en la logística de aprovisionamiento. Por otro lado, la reducción de residuos reduce costes importantes asociados a su gestión.

Otro aspecto importante es que la economía circular ayuda a reducir la dependencia de materias primas consideradas críticas o limitadas, al aprovechar materiales secundarios y alargando la vida de los productos, por lo que reduce la inestabilidad de los precios de estos materiales, lo que puede prevenir crisis económicas relacionadas con la escasez de recursos y así mejorar su estabilidad financiera a largo plazo (Fellner et al. 2017).

Desde el punto de vista social, este nuevo modelo circular fomenta la creación de nuevos puestos de trabajo en áreas como el reciclaje, la reparación, la remanufactura y en nuevos modelos de negocio más sostenibles. Estos sectores requieren mano de obra especializada y conllevan oportunidades laborales en talleres de reparación, centros de reciclaje y empresas de logística inversa.

Estos empleos no solo ayudan a reducir el desempleo, sino que también apoyan la transición hacia una economía más verde y sostenible, donde la preservación de los recursos naturales y la reducción de la contaminación son prioridades (Mies & Gold 2021). La economía circular fomenta la creación de nuevos puestos de trabajo en sectores como el reciclaje, la reparación, la reutilización y la innovación en productos sostenibles, contribuyendo al desarrollo de una economía verde y a la reducción del desempleo. Además, estos nuevos empleos promueven una mayor inclusión social al proporcionar oportunidades laborales en comunidades locales y sectores tradicionalmente marginados, lo que contribuye a una economía más justa. Además, al integrar la sostenibilidad en los nuevos modelos de negocio, no solo se generan nuevos empleos, sino que también mejora la calidad de vida de los trabajadores al ofrecer puestos en sectores que están alineados con valores ambientales y sociales.

Las empresas que adoptan un enfoque circular se esfuerzan en innovar en productos y procesos, lo que requiere repensar tanto la forma de fabricar los productos, como el diseño de los mismos para que sean duraderos, reparables, y reciclables. La innovación resultante no solo permite a las empresas reducir costes operativos y dependencia de materias primas, sino que también les ofrece una ventaja competitiva en un mercado cada vez más orientado hacia la sostenibilidad. Además, esta innovación tiene un impacto positivo en el entorno en el que las empresas operan, al reducir la contaminación, preservar los recursos naturales y promover un desarrollo económico más equilibrado. Al liderar el camino hacia un modelo de negocio más responsable y eficiente, estas empresas no solo aseguran su viabilidad a largo plazo, sino que también contribuyen al bienestar de las comunidades y al cuidado del medio ambiente.

5. Desafíos y oportunidades relacionados con la economía circular

La transición hacia una economía circular presenta tanto desafíos significativos como oportunidades prometedoras como ya se viene comentando en este capítulo. Uno de los desafíos más grandes es la resistencia al cambio tanto por parte de las empresas como de los consumidores. Las empresas pueden estar reacias a adoptar nuevos modelos de negocio y prácticas sostenibles debido a los costes iniciales y la incertidumbre sobre el retorno de inversión (Berker 2010). Los consumidores, por otro lado, pueden ser reticentes a cambiar sus hábitos de compra y consumo, especialmente si no están bien informados sobre los beneficios de la economía circular.

Otro desafío importante es la necesidad de un marco regulatorio y de políticas que apoyen esta transición. Las políticas gubernamentales deben fomentar la innovación, la inversión en tecnologías sostenibles y la colaboración entre sectores. Sin un apoyo adecuado,

las empresas pueden encontrar difícil justificar las inversiones necesarias para adoptar prácticas circulares. Además, la infraestructura
actual, diseñada para una economía lineal, puede no ser adecuada
para apoyar modelos de negocio circulares, lo que requiere inversiones significativas en nuevas tecnologías y sistemas.

Sin embargo, estos desafíos también presentan oportunidades.
La adopción de la economía circular puede impulsar la innovación y el desarrollo de nuevas tecnologías que no solo mejoren la
sostenibilidad, sino que también ofrezcan ventajas competitivas.
Las empresas que lideren la transición hacia modelos circulares
pueden beneficiarse de la diferenciación en el mercado y la lealtad
de los consumidores que valoran la sostenibilidad.

La economía circular también ofrece oportunidades para la
creación de empleo y el desarrollo económico local (Drakulevski
& Boskov 2019). Los sectores relacionados con la reparación, el
reciclaje y la remanufactura pueden ver un crecimiento significativo, proporcionando empleos y estimulando las economías locales.
Además, la economía circular puede abrir nuevas oportunidades
de negocio en áreas como los servicios de productos, el diseño
sostenible y la economía colaborativa.

En resumen, aunque la transición hacia una economía circular presenta desafíos, también ofrece oportunidades significativas
para la innovación, el crecimiento económico y la sostenibilidad.
Al superar los obstáculos y aprovechar estas oportunidades, las
sociedades pueden avanzar hacia un futuro más resiliente y sostenible.

Conclusión

En conclusión, la economía circular ofrece un nuevo modelo
para los desafíos ambientales y económicos que plantea el actual

modelo de economía lineal. A través de la innovación en productos y procesos, las empresas pueden no solo reducir sus costes operativos y disminuir la dependencia de materias primas, sino también posicionarse de manera competitiva en un mercado cada vez más orientado hacia la sostenibilidad. Además, este nuevo modelo circular favorece la creación de empleos verdes y promueve un desarrollo económico más equitativo y sostenible, enfocándose en la preservación de los recursos naturales y la reducción de los residuos.

Referencias

Berker, T. 2010. "Dealing with uncertainty in sustainable innovation: mainstreaming and substitution". *International Journal of Innovation and Sustainable Development* 5(1): 65-79.
https://doi.org/10.1504/IJISD.2010.034558

Borchardt, M., M. H. Wendt, G. M. Pereira & M. A. Sellitto. 2011. "Redesign of a component based on ecodesign practices: environmental impact and cost reduction achievements". *Journal of Cleaner Production* 19(1): 49-57.
https://doi.org/10.1016/j.jclepro.2010.08.006

Buchmann-Duck, J. & K. Beazley. 2020. "An urgent call for circular economy advocates to acknowledge its limitations in conserving biodiversity". *The Science of the total environment* 727, 138602.
https://doi.org/10.1016/j.scitotenv.2020.138602

Cao, Y., F. Jia & G. Manogaran. 2019. "Efficient traceability systems of steel products using blockchain-based industrial Internet of Things". *IEEE Transactions on Industrial Informatics* 16(9): 6004-6012.

Carvalho, B. L. D., M. D. F. Salgueiro & P. Rita. 2016. "Accessibility and trust: the two dimensions of consumers' perception on sustainable purchase intention". *International Journal of Sustainable Development and World Ecology* 23(2): 203-209.
https://doi.org/10.1080/13504509.2015.1110210

Costa, L., D. Miranda, A. Oliveira, L. Falcon, M. Pimenta, I. Bessa, S. Wouters, M. Andrade & J. Pinto (2021). "Capture and Reuse of Carbon Dioxide (CO_2) for a Plastics Circular Economy: A Review". *Processes* 9 (5): 759.
https://doi.org/10.3390/PR9050759

Danasekaran, R., K. Annadurai & G. Mani. 2016. "Air pollution: The biggest environmental health risk". *International Journal of Advanced Research and Development* 1: 9-10.

Didenko, N., Y. Klochkov & D. Skripnuk. 2018. "Ecological Criteria for Comparing Linear and Circular Economies". *Resources* 7 (3): 48.
https://doi.org/10.3390/RESOURCES7030048

Drakulevski, L. & T. Boskov. 2019. "New framework for job creation: Circular economy activities". *IJIBM International Journal of Information, Business and Management* 11(2): 53-61.

Fellner, J., J. Lederer, C. Scharff & D. Laner. 2017. "Present Potentials and Limitations of a Circular Economy with Respect to Primary Raw Material Demand". *Journal of Industrial Ecology* 21 (3): 494-496.
https://doi.org/10.1111/jiec.12582

Global Footprint Network. 2023. "Earth Overshoot Day". Recuperado de https://overshoot.footprintnetwork.org/

Han, J., A. Heshmati & M. Rashidghalam. 2020. "Circular economy business models with a focus on servitization". *Sustainability* 12 (21): 8799.
https://doi.org/10.3390/su12218799

Karlsson, R. & C. Luttropp. 2006. "EcoDesign: what's happening? An overview of the subject area of EcoDesign and of the papers in this special issue". *Journal of cleaner production* 14 (15-16): 1291-1298.
https://doi.org/10.1016/j.jclepro.2005.11.010

Kolmykova, T. 2020. "Place and Role of a Human in the System of Robotized Circular Reproduction in the Regional Economy". In *Digital Future Economic Growth, Social Adaptation and Technological Perspectives. Lecture Notes in Networks and Systems*, vol. 11, edited by T. Kolmykova & E. Kharchenko. Cham: Springer.
https://doi.org/10.1007/978-3-030-39797-5_27

Mies, A. & S. Gold. 2021. "Mapping the social dimension of the circular economy". *Journal of Cleaner Production* 321: 128960.
https://doi.org/10.1016/j.jclepro.2021.128960

Prieto-Sandoval, V., J.A. Alfaro, A. Mejía-Villa & M. Ormazabal. 2016. "ECO-labels as a multidimensional research topic: Trends and opportunities". *Journal of Cleaner Production* 135: 806-818.
https://doi.org/10.1016/j.jclepro.2016.06.167

Prieto-Sandoval, V., C. Jaca García & M. Ormazabal Goenaga. 2018. "Towards a consensus on the circular economy". *Journal of Cleaner Production* 179: 605-615.
https://doi.org/10.1016/j.jclepro.2017.12.224

Prieto-Sandoval, V., C. Jaca, J. Santos, R.J. Baumgartner & M. Ormazabal. 2019. "Key strategies, resources, and capabilities for implementing circular economy in industrial small and medium enterprises". *Corporate Social Responsibility and Environmental Management* 26(6): 1473-1484.
https://doi.org/10.1002/csr.1761

Vidal-Ayuso, F., A. Akhmedova & C. Jaca. 2023. "The circular economy and consumer behaviour: Literature review and research directions". *Journal of Cleaner Production* 418: 137824.
https://doi.org/10.1016/j.jclepro.2023.137824

9

Tecnología y sostenibilidad

Paloma Grau y Eduardo Ayesa

Centro Tecnológico CEIT, Universidad de Navarra

1. Antecedentes

Desde la primera revolución industrial, la innovación tecnológica ha sido precursora y promotora de una larga lista de avances económicos y sociales, que han reportado grandes beneficios para la humanidad en ámbitos tan importantes como la salud, el transporte, la comunicación, la alimentación, etc. Es evidente también que aquellos países que han logrado un mayor nivel tecnológico, han incrementado su actividad económica y han podido ofrecer mejores servicios y mayor calidad de vida a sus ciudadanos. Y es también innegable que el motor de esa actividad económica ha sido en buena parte el consumo, orientado primeramente a satisfacer las necesidades más básicas, y posteriormente reconducido a dar respuesta a otras necesidades secundarias, muchas veces creadas para seguir estimulando y acelerando ese consumo.

Sin embargo, en las últimas décadas han ido apareciendo muchos indicadores que cuestionan seriamente la viabilidad de nuestro actual modelo de desarrollo, como factor generador de una grave degradación del planeta, una creciente crisis climática y la consolidación de enormes desigualdades sociales.

Los grandes avances experimentados en el transporte y en las comunicaciones, por ejemplo, aunque han sido ejes fundamentales del desarrollo social y económico, están siendo también responsables del aumento en la emisión de los gases de efecto invernadero. El incesante crecimiento de la producción industrial, que nos ha permitido alcanzar un notable nivel de bienestar en algunas regiones, lleva asociado un elevado consumo de recursos y una peligrosa generación de residuos, que provoca graves daños ambientales y crecientes desequilibrios sociales. "No hay dos crisis separadas, una ambiental y otra social, sino una sola y compleja crisis socioambiental" (Francisco 2015).

Desde finales del S. XX hasta el día de hoy, son cada vez más numerosas las voces que alertan sobre la crisis de la situación actual y plantean la necesidad de revisar nuestro modelo de desarrollo (Informe Brundtland, Convención de Río, Objetivos del milenio, etc.). Es razonable pensar que un desarrollo tecnológico y económico que no genera un mundo mejor y una calidad de vida integralmente superior no puede considerarse progreso. Y para ser integral, la calidad de vida debe incluir confort, libertad, seguridad, oportunidades, dignidad, un entorno saludable y no afectar únicamente a una parte de la sociedad.

2. Propuestas desde la tecnología

Ante esta preocupante realidad, la tecnología debe estar siempre al servicio del progreso real de la humanidad, contribuyendo a crear nuevas formas de desarrollo sostenible y equitativo. Eso implica en muchos casos reorientarla para facilitar que los productos y servicios que mejoran la calidad de vida sean accesibles a más personas o, dicho de otra manera, a hacer viables económicamente esos nuevos productos y servicios.

En este contexto, son muchas las propuestas innovadoras que empiezan a ser ya una realidad en torno a la movilidad, producción y gestión de energía y recursos de manera más eficiente. La nanotecnología, por ejemplo, está ya permitiendo el desarrollo de materiales y dispositivos mucho más eficientes en el ámbito de las energías renovables, fármacos, tratamiento del agua y residuos, medicina o construcción sostenible. La biotecnología, a partir del conocimiento de los procesos y mecanismos biológicos y técnicas de ingeniería genética, puede contribuir al desarrollo de bioplásticos y otros sustitutivos degradables de los derivados del petróleo, cultivos resistentes y adaptados al cambio climático o a la extracción de recursos de valor a partir de los residuos. En la llamada cuarta revolución industrial, la ciencia de datos y la inteligencia artificial (IA), la digitalización y el Internet de las cosas, están ya contribuyendo a modelos de producción y gestión mucho más eficientes y con menor impacto ambiental.

Sin embargo, es relevante remarcar que la contribución de la tecnología en el modelo de desarrollo sostenible, no puede centrarse sólo en la innovación en estas áreas, sino que debe enmarcarse dentro de una mirada más amplia. Podría decirse que no sólo es importante el cuánto sino el cómo.

3. Mirada sistémica en un contexto de economía circular

Para ello, en primer lugar, es necesario cambiar la manera de aproximarnos a los problemas y los retos tecnológicos adoptando una mirada mucho más integral y sistémica. La especialización, tan propia del trabajo tecnológico, ha dificultado frecuentemente esa mirada completa del problema y ha propiciado el desarrollo de soluciones rápidas a retos específicos muy concretos, sin tener en cuenta sus efectos en un entorno más amplio.

G. Olsson, en su libro *Water Interactions*, aborda esta cuestión analizando globalmente una problemática tan vital como es el trinomio agua-alimentación-energía. Quizás, en nuestro afán resolutivo y aplicado, hemos tomado frecuentemente la parte por el todo y hemos olvidado que la tecnología tendrá éxito en el ecosistema "si sus objetivos se dirigen al sistema en su conjunto y no a una parte aparentemente accesible". Ya afirmó Aristóteles, hace más de 2300 años en su libro *Metafísica*, que "el todo es más que la suma de las partes". En el contexto del desarrollo sostenible, esta afirmación cobra una relevancia especial.

El análisis global de soluciones adoptadas a lo largo del tiempo revela frecuentemente la irracionalidad de muchos procesos diseñados desde una perspectiva local y reducida. Pongamos algunos ejemplos. Los residuos procedentes de la actividad agrícola y ganadera, aunque constituidos por nutrientes, recursos de valor y con un gran contenido energético, se han gestionado convencionalmente con el único objetivo de minimizar su impacto, utilizando para ello grandes cantidades de energía proveniente de fuentes no renovables. ¿Tiene sentido eliminar nutrientes de un agua residual que va a emplearse para riego, sabiendo que deberemos posteriormente añadir fertilizantes que aporten los mismos nutrientes que hemos eliminado del agua? ¿Tiene sentido que se emplee una gran cantidad de energía en el tratamiento y gestión de esta agua residual sin aprovechar el potencial energético que ésta posee? Olsson concluye que la gestión óptima de estos tres recursos agua-alimentación-energía, únicamente puede abordarse de manera eficaz mediante una aproximación sistémica, es decir, una planificación integrada y unos enfoques de desarrollo y gestión que atraviesen las fronteras sectoriales de las áreas de conocimiento.

El creciente papel de la economía circular es una consecuencia evidente de aplicar esa mirada integral a los problemas y retos tecnológicos de nuestra sociedad, buscando nuevas soluciones que minimicen el consumo de nuevos recursos y materias primas y conviertan los desechos en materia prima o subproductos. El desarrollo de nuevas y avanzadas tecnologías de reciclaje y de obtención de recursos de valor a partir de residuos comienza a ser una ilusionante realidad, al igual que el desarrollo e implantación de nuevos modelos de gestión basados en los principios de economía circular. Pero el camino no ha hecho más que empezar. Debemos, por ejemplo, repensar y adaptar muchas de las tecnologías que hemos venido utilizando habitualmente en nuestros procesos productivos, de manera que sirvan a los nuevos paradigmas de la economía circular, lo que va a demandar un importante esfuerzo de innovación tecnológica. Muchas de las técnicas extractivas utilizadas para la obtención de materias primas, por ejemplo, deberán evolucionar para ser utilizadas en la recuperación de compuestos a partir de residuos o subproductos. También los procedimientos convencionales de diseño y fabricación deberán evolucionar para facilitar la incorporación de compuestos recuperados y su posterior reutilización, recuperación o valorización. Y cualquier nueva tecnología que quiera incorporarse al mercado deberá cumplir no solamente los criterios mínimos de viabilidad técnica y económica, sino también un riguroso análisis de su sostenibilidad ambiental.

Este nuevo enfoque circular puede además dar lugar a una importante deriva en el elemento tractor de la innovación para las tecnologías ambientales, que hasta ahora han estado normalmente sometidas a las restricciones impuestas por la legislación. Sin embargo, convertir los residuos (o subproductos) en recursos, además de sus consecuencias ambientales, implica también dotarles de un valor económico, convertirlos en materia prima y, por lo tanto, introducirlos en la economía productiva, con todo lo que ello implica. Esta emergente economía basada en la recuperación de compuestos se está ya aplicando con éxito para extraer, por ejemplo, elementos de gran valor económico y geoestratégico a partir de los desechos de las baterías, imanes, catalizadores o equipos electrónicos y está llamada a generar nuevas y eficientes tecnologías en los próximos años.

4. La descentralización en las soluciones tecnológicas

En segundo lugar, y aunque a primera vista pueda resultar paradójico, la utilización de una mirada integral puede llevarnos con frecuencia a optar por soluciones tecnológicas descentralizadas. J. Rifkin destaca en su libro *El global green new deal* que éstas pueden tener una contribución importante en este nuevo modelo de desarrollo sostenible. Así, las soluciones basadas en grandes infraestructuras centralizadas para la obtención de energía, transporte, consumo de bienes o el tratamiento y la gestión de los residuos, pueden generar situaciones de vulnerabilidad, falta de recursos, mayores riesgos en cadenas de suministros y, en general, prácticas menos sostenibles. Frente a la centralización, el establecimiento de sistemas de producción y gestión con un cierto grado de deslocalización y haciendo un uso óptimo de los recursos locales, puede contribuir a lograr prácticas más sostenibles.

Por ejemplo, en el contexto de la descarbonización, son muchas las propuestas que sugieren el paso de infraestructuras centralizadas de generación de energía basadas en combustibles fósiles a sistemas descentralizados, donde las energías renovables pueden ser fácilmente integradas y satisfacer la demanda eléctrica mediante sistemas distribuidos inteligentes organizados en comunidades energéticas. Esta misma aproximación en el ámbito de la producción de bienes materiales, el suministro de recursos o el tratamiento y la valorización de residuos puede ser un nuevo paradigma en la construcción de ese mundo sostenible. En este sentido, K. Vairavamoorthy por ejemplo, en su artículo "*Sanitation: time for a change of tactics*", describe cómo el saneamiento descentralizado de las aguas residuales ofrece una mayor resistencia climática al distribuir los riesgos, diversificar las tecnologías y crear sistemas con mayor redundancia. Este cambio hacia la descentralización se alinea también con la evolución observada en las telecomunicaciones y la energía, mediante sistemas modulares y escalonados que facilitan un crecimiento incremental rápido y flexible, aprovechando las oportunidades que ofrecen las nuevas tecnologías a medida que van surgiendo.

5. La aportación relevante del Internet de las cosas e Inteligencia Artificial

En este contexto de infraestructuras y tecnologías distribuidas y abiertas planteado anteriormente, la conectividad, la digitalización, el Internet de las cosas, y la IA juegan un papel crucial, especialmente en un contexto de crisis climática y social como la que estamos viviendo. La industria y los núcleos de población podrán formar parte de un sistema nervioso conectado e inteligente que permitirá utilizar los datos para optimizar el uso del agua, la energía, y otros recursos en las actividades industriales, agrícolas y urbanas. Esa información proporcionada a golpe de *click* permitirá además una mayor concienciación de los ciudadanos y su implicación en la toma de decisiones, tanto en entornos desarrollados como en aquellos lugares de mayor pobreza y vulnerabilidad.

6. El desarrollo tecnológico al servicio de las personas

Con todo lo expuesto, parece razonable pensar que un desarrollo tecnológico bien orientado puede contribuir notablemente a la evolución hacia un planeta más sostenible. Pero es imprescindible tener en cuenta que el progreso no puede ya basarse en la idea de un crecimiento ilimitado y en la disponibilidad infinita de los bienes del planeta. La idea, propia del paradigma tecnocrático, de que la tecnología siempre encontrará soluciones para la limitación de los recursos y para todos los problemas ambientales que vayamos generando, es cada día más inconsistente.

Por tanto, el desarrollo tecnológico nunca será suficiente si no va acompañado de una reflexión profunda y de una respuesta personal acerca de quién es realmente la persona humana, y cuál debe ser nuestro modelo de vida y consumo. La tecnología que quiere estar al servicio del desarrollo humano integral deberá entonces dialogar con la economía, la política, la ética y la antropología. Para ello, la colaboración estrecha entre la universidad, donde conviven todas las áreas de conocimiento, centros de investigación y tecnológicos, las empresas y las administraciones públicas se ve entonces imprescindible. Sin olvidar que la base sobre la que se deberá sustentar esta compleja colaboración está en el convencimiento y en el compromiso personal individual de cada uno de nosotros con un futuro sostenible y un progreso basado en el bien común.

Referencias

Brundtland, G.H. (World Commission on Environment and Development). 1987. *Our Common Future*. Oxford: Oxford University Press.

Francisco (papa). 2015. Carta Encíclica *Laudato si' sobre el cuidado de la casa común*. Roma: Editrice Vaticana.

Naciones Unidas. 1992. *Declaración de Río sobre el medio ambiente y el desarrollo* (14 junio).
https://www.un.org/spanish/esa/sustdev/agenda21/riodeclaration.htm

Naciones Unidas. 2000. *Declaración del Milenio.* Nueva York (13 septiembre).
https://www.un.org/spanish/milenio/ares552.pdf

Olsson, G. 2022. *Water Interactions: A Systemic view.* IWA publishing.
https://iwaponline.com/ebooks/book/856/Water-Interactions-A-Systemic-ViewWhy-we-Need-to

Rifkin, Jeremy. 2019. *El Green New Deal global: Por qué la civilización de los combustibles fósiles colapsará en torno a 2028 y el audaz plan económico para salvar la vida en la Tierra.* Barcelona: Paidós.

Vairavamoorthy, K. 2023. "Sanitation: time for a change of tactics". *The Source - the magazine of the International Water Association*, November 2.
https://thesourcemagazine.org/sanitation-time-for-a-change-of-tactics/

10

Legislación y medio ambiente

Ángel Ruiz de Apodaca Espinosa
Facultad de Derecho, Universidad de Navarra

La protección del medio ambiente descansa en normas jurídicas. Si se protege el medio ambiente es porque existen normas, leyes, que obligan a su protección limitando o interviniendo aquellas actividades, instalaciones o proyectos que puedan afectar negativamente al medio ambiente ya sea de manera directa o indirecta. Así mismo, las leyes ambientales son las que establecen las correspondientes responsabilidades en caso de daño o incumplimiento. Por consiguiente, el Derecho, como en otros ámbitos de nuestra sociedad, es un elemento fundamental para alcanzar en este caso los objetivos de conservación, protección y mejora del medio ambiente y, en definitiva, del desarrollo sostenible.

De hecho, el objetivo de toda norma, de toda política ambiental, no es otro que el de alcanzar el desarrollo sostenible, aquel modelo de desarrollo que, satisfaciendo las necesidades de las generaciones presentes, no comprometa el desarrollo de las generaciones futuras. Ello constituye un auténtico deber moral de las generaciones presentes para con las generaciones futuras en relación con el legado ambiental que dejemos.

El problema ambiental es un problema global, la contaminación no conoce fronteras e ignora olímpicamente las soberanías territoriales de los Estados, de ahí que se imponga la necesidad de adoptar normas internacionales que obliguen a adoptar estas medidas, haciendo efectivo el principio de pensar global, actuar local. Ahora bien, es ilusorio pensar que sean exigibles las mismas medidas a países desarrollados con una mayor responsabilidad que a países en vías de desarrollo. De ahí la dificultad en la aprobación de instrumentos internacionales y en su efectiva aplicación, más aún cuando algunos de los Estados con mayor responsabilidad no están dispuestos a asumir compromisos. Afortunadamente, no es el caso de la Unión Europea que siempre ha encabezado la asunción de tales objetivos y, como señala en su Tratado de Funcionamiento, "las exigencias de la protección del medio ambiente deberán integrarse en la definición y en la realización de las políticas y acciones de la Unión, en particular con objeto de fomentar un desarrollo sostenible".

Los numerosos problemas ambientales, de todos conocidos, han llevado a la aprobación de una profusión de normas ambientales a nivel internacional, europeo, estatal y autonómico que regulan todos y cada uno de los factores y de las posibles consecuencias de la amenaza ambiental, especialmente desde instancias comunitarias, lo que ha generado un acervo ambiental común en los 27 estados miembros en materia de protección ambiental. No queda un solo sector, un solo factor que no haya sido regulado con medidas ambiciosas, restrictivas y sancionadoras basadas en los consabidos principios de prevención, cautela, quien contamina paga, no regresión y que paulatinamente, más despacio de lo deseable, han ido cambiando formas de producción, de consumo y de relación con nuestro entorno. Lógicamente esta normativa, en algunos casos, no es pacífica en su recepción y aplicación por parte de sus destinatarios y sectores afectados especialmente por los costes que supone su implementación. Sin duda, estamos ante un nuevo contrato social en el que la transición del modelo debe ser justa.

Probablemente hayamos oído hablar de normas de evaluación ambiental, de autorizaciones ambientales, de aguas, de residuos, de protección atmosférica, de espacios naturales protegidos, de flora y fauna silvestres, de cambio climático o más recientemente de diligencia debida por parte de las empresas o de prohibición del *greenwashing*. Son una muestra de la numerosa normativa ambiental.

Es evidente que no se trata de un problema de normas. El papel lo aguanta todo. De hecho, la normativa ambiental es profusa y difusa. Ahora bien, lo realmente complicado reside en cumplir y hacer cumplir estas normas, más aún cuando los destinatarios de las mismas son los propios gobiernos y sus administraciones públicas. Un ejemplo de lo antedicho lo constituyen las frecuentes sentencias del Tribunal de Justicia de la Unión Europea que condenan a los diferentes Estados miembros por incumplimiento del Derecho ambiental de la Unión Europea, el que más se incumple, o las sentencias de tribunales nacionales que han condenado a sus respectivos gobiernos (Países Bajos, Francia, Bélgica…) por inactividad frente al cambio climático, obligándoles a adoptar medidas concretas para llegar a cumplir los objetivos asumidos por estos Estados en el Acuerdo de París de 2015.

Es el caso de la sentencia del TJUE de 22 de diciembre de 2021 por la que se condena a España por incumplimiento de la Directiva de calidad del aire que respiramos en las aglomeraciones urbanas de Madrid y Barcelona. Ello ha llevado a que las citadas ciudades hayan tenido que adoptar medidas restrictivas en materia de movilidad y energía para así poder cumplir con esas normas.

Lo señalado es realmente grave, más aún si tenemos en cuenta que la ONU ya ha reconocido el derecho a un medio ambiente adecuado como derecho humano o que la inmensa mayoría de las Constituciones reconocen este derecho. El propio Tribunal Europeo de Derechos Humanos, en su reciente sentencia de 9 de abril de 2024 ha reconocido que la inactividad del gobierno suizo frente al cambio climático, tiene efectos directos y adversos sobre la vida y la salud de las personas, protegidos por el artículo 8 del CEDH, que tutela el derecho al respeto de la vida privada y familiar y que las normas de protección de los derechos garantizados sirven de poco si no se aplican debidamente porque el Convenio tiene por objeto proteger derechos efectivos, no ilusorios.

Ello es consecuencia de que los ciudadanos son cada vez más conscientes de los riesgos y de las amenazas ambientales y reclaman a los poderes públicos no solo normas ambiciosas, sino políticas efectivas y medidas concretas que las hagan cumplir. La conciencia ambiental ha llevado igualmente al reconocimiento global de los derechos de información, participación y acceso a la justicia en materia ambiental. Es decir, los ciudadanos demandan información sobre los riesgos y las medidas adoptadas, reclaman ser sujetos activos mediante la participación en la toma de decisiones que afectan al medio ambiente y, en su caso, la posibilidad de instar la tutela ambiental a través de acciones judiciales. Ello supone una mayor presión sobre los obligados a cumplir estas normas, especialmente cuando los obligados de cumplirlas y hacerlas cumplir son los propios gobiernos y sus administraciones públicas.

Ahora bien, en otras muchas ocasiones los obligados al cumplimiento de las normas ambientales son las empresas, los factores de producción y, por supuesto, también los ciudadanos. Aquí es donde surgen algunas resistencias al cumplimiento, especialmente porque proteger el medio ambiente cuesta tiempo y, sobre todo, dinero. El principio de quien contamina paga básicamente consiste en internalizar los costes ambientales de nuestra actividad, es decir, asumir el coste que conlleva reducir o evitar que tal riesgo ambiental derivado de nuestra actividad se pueda materializar y obviamente, asumir el coste de restauración y las responsabilidades que se deriven, caso de que tal riesgo se materialice.

Es por ello, que las normas sometan a toda actividad con riesgo ambiental a una autorización previa, que se someta a la inspección ambiental periódicamente y que se le exija la adaptación a las mejores técnicas disponibles que minimicen la contaminación. Es por ello, que las normas ambientales contienen un buen número de obligaciones positivas para sus destinatarios y el correspondiente cuadro de infracciones y sanciones muy elevadas caso de incumplimiento.

Es por ello, que el código penal dedique todo un título a los delitos contra el medio ambiente, en los casos más graves, conllevando penas de prisión, o que contemos también en nuestro ordenamiento jurídico con una norma de responsabilidad ambiental por daños ecológicos.

Es por ello, que mediante normas fiscales se graven aquellos productos o actividades contaminantes con la finalidad de disuadir de su uso o utilización, a la vez que se fomentan mediante bonificaciones o exenciones los más respetuosos con el medio ambiente.

Toda esta normativa se ha desarrollado como consecuencia del convencimiento y la necesidad de proteger el medio ambiente, nuestro hábitat, en definitiva, para protegernos a nosotros mismos, de nosotros mismos, porque en definitiva el deterioro ambiental afecta a nuestros derechos más fundamentales como el derecho a la vida, a la integridad física, a la inviolabilidad del domicilio, a la salud o a una vivienda digna. Los ciudadanos somos cada vez más conscientes de nuestros derechos reconocidos por nuestro ordenamiento jurídico, por ello se está produciendo un aumento de los litigios ambientales consecuencia de una mayor conciencia ciudadana.

La protección ambiental no puede ser una moda, "ecopostureo", por parte de corporaciones y otros actores, es una responsabilidad que concierne a todos los ciudadanos sin excepción mediante el cumplimiento efectivo de las normas. El Derecho ambiental es dinámico y en constante evolución, como exigen la cláusula de progreso, la adaptación a las mejores tecnologías disponibles, el mayor conocimiento y desarrollo científico. El primer paso es su efectivo cumplimiento e incluso así, será difícil frenar el riesgo ambiental. Si no somos capaces de cumplir y hacer cumplir nuestras propias normas, será imposible.

La necesidad de su efectiva implementación y cumplimiento convencido por los Estados y por todos los sectores es aún el talón de Aquiles de este ordenamiento. Sólo desde el convencimiento de todos, desde la educación ambiental, desde la consciencia real del problema, se logrará poner freno al deterioro de nuestra casa común.

11.
Sostenibilidad, biodiversidad, naturaleza y universidad

Enrique Baquero
Facultad de Ciencias, Universidad de Navarra

Para relacionar estos términos entre sí es clave entender qué significa actualmente cada uno de ellos.

La sostenibilidad no es algo que «está de moda» o «sirve para lavar mi imagen». Es esencial para proteger el planeta, abordar la desigualdad y mejorar la calidad de vida de las personas, tanto ahora como –sobre todo– en el futuro. Supone la necesidad de satisfacer las necesidades de las generaciones presentes sin comprometer las posibilidades de las del futuro (WCED 1987)[7]. El desarrollo sostenible tiene tres pilares: economía, medioambiente y sociedad, que deben relacionarse para que exista un desarrollo económico y social respetuoso con el medioambiente (Purvis, Mao & Robinson 2019). La economía circular, actual paradigma, y la sostenibilidad se relacionan al fomentar ambos el uso eficiente de recursos y la reducción de residuos.

El término biodiversidad es una contracción de la expresión «diversidad biológica». Refleja el número, la variedad y la variabi-

---

7. Este informe es conocido como "Informe Brundtland" en honor a Gro Harlem Brundtland, quien presidió la Comisión Mundial sobre el Medio Ambiente y el Desarrollo de las Naciones Unidas de 1983 a 1987.

lidad de los organismos vivos y cómo estos cambian de un lugar a otro y a lo largo del tiempo (Wilcox 1984). La biodiversidad incluye la diversidad dentro de las especies (diversidad genética), entre especies (diversidad de especies) y entre ecosistemas (diversidad de ecosistemas) (Hamilton 2005 y Whittaker 1977). La definición más simple de biodiversidad es la "variedad total de vida en la Tierra" (Takacs 1996). Se utilizó originalmente en el debate político, pero los científicos la adoptaron rápidamente para asegurar la financiación de su investigación (Wilson 1988).

La definición de naturaleza más simple es "conjunto de todo lo que existe y que está determinado y armonizado en sus propias leyes" (Bergson 1907). Aunque es un término olvidado, actualmente tiene una gran potencia, porque considerando que se define como plenitud y armonía, aspirar a mantenerla sana supondría una deseable tendencia al orden, sostenibilidad y justicia.

Por último, la Universidad es una institución que busca la verdad a través de la investigación científica, tecnológica y organización social y —cuando tiene inspiración cristiana, como es el caso de la Universidad de Navarra— debe además contribuir a la formación cultural y personal de sus estudiantes, promover la actividad asistencial y tener clara finalidad de servicio. La sostenibilidad —en su triple dimensión—, se convierte en una herramienta transversal de todos los proyectos a desarrollar, que deben estar además alineados con los Objetivos de Desarrollo Sostenible (ODS). Como se ve, la sostenibilidad empieza a ser clave en el relato.

La biodiversidad cumple una función muy importante, proporcionando productos y servicios cruciales: alimentos, agua, suelos sanos, medicinas, recursos para la protección personal y frente a los eventos climáticos, es necesaria para la mitigación de los efectos del cambio climático (IPBES 2019) y, si tiene buena salud, es un filtro protector ante la llegada de enfermedades al ser humano desde los animales (zoonosis) (Tollefson 2020). Es importante comprender que mantener una alta biodiversidad requiere que se mantenga el número de especies de organismos (plantas, animales, microorganismos, etc.), o riqueza de especies, y además el número necesario de ejemplares de cada especie, o abundancia, que permita que sea posible su supervivencia (Cardinale et al. 2012). El papa Francisco, en su Carta Encíclica *Laudato si'*, menciona hasta 11 veces el término biodiversidad, dándole la importancia que tiene en términos de función para el mantenimiento de la 'casa común' y de justicia social (Francisco 2015). En ella relaciona el cambio climático con la pérdida de biodiversidad, insiste en su valor como recurso y fuente de servicios, pide responsabilidad a la hora de realizar actividades o explotaciones (también las agrícolas y forestales), pide cuidar las zonas que actualmente están bien conservadas –especialmente las selvas tropicales–, y menciona *"su significado para las personas y las culturas, los intereses y necesidades de los pobres"*.

Además, en ámbitos como la agricultura y la ganadería, es importante mantener la "diversidad" de razas o variedades, pues en esa variedad puede estar la clave –en forma de resistencias o adaptaciones– para la supervivencia de las especies que nos dan de comer (Thrupp 2000). La presión de ciertas compañías (sobre todo de las productoras de semillas) está llevando a una peligrosa uniformización de lo que se planta, provocando la desaparición de variedades locales por sustitución con semillas "globalizadas" que, aunque en conjunto (o en teoría) desarrollan plantas que producen más, o consiguen un producto con mayor aceptación del "consumidor global", están reduciendo la biodiversidad genética (se habla de erosión genética) (Esquinas-Alcázar 2015 y FAO 2010), un valioso recurso que es imposible recuperar si se pierde. Un ejemplo: en India, donde existían alrededor de 100 000 variedades de arroz cultivadas, ahora se cultivan menos de 6000 (Zhu et al. 2003).

La biodiversidad de los ecosistemas permite la mayoría de las actividades humanas y provee de recursos y servicios ambientales que contribuyen al bienestar social. Su diversidad y calidad –extensión y funcionamiento correctos– permiten la disponibilidad de agua, control del clima, generación de oxígeno (aunque en un bosque maduro la producción neta es nula), control de la erosión y conservación del suelo, además de ser importantes en la captura de carbono y la eliminación de los contaminantes (TEEB 2010). Actualmente la superficie relativa de ecosistemas naturales terrestres (que son los que contribuyen a las funciones expuestas) se estima en el 25 % del total de la superficie terrestre (Watson et al. 2018). Es especialmente importante el papel de los ecosistemas forestales, y entre ellos el de las selvas tropicales, por su extensión, situación y contribución a la biodiversidad de plantas y animales (Gibson et al. 2011). Los ecosistemas proveen hábitats que permiten la existencia de las especies formando comunidades, que funcionan como redes complejas. Cuando falta alguno de los componentes de estas redes, sobre todo si es una especie clave, todo el sistema se desmorona (Paine 1969). Este es otro argumento en defensa de una buena salud de la biodiversidad.

El estudio de la biodiversidad es un reto por dos razones. En primer lugar, la enorme cantidad de especies existente. Solo considerando animales y plantas se estima en más de nueve millones de especies distintas, 8,7 millones de animales y 390 000 de plantas (Mora et al. 2011). Este número crece muchísimo (se estima que pueden llegar a ser 10^{12} considerando solo a bacterias y arqueas) (Locey & Lennon 2016) si consideramos a los organismos microscópicos, que no por ser pequeños son menos importantes, sobre todo por su contribución en los ciclos biogeoquímicos (fijación de nitrógeno, degradación de la materia orgánica, ciclo del carbono o producción de metano) (Adam et al. 2017 y Hugenholtz et al. 1998). En segundo lugar, por la escasez de científicos especializados en la identificación y descripción de las especies (Taxónomos) (Mace et al. 2012).

Los pueblos indígenas, reconocidos en su conjunto por Naciones Unidas desde 2007 (Naciones Unidas 2007), son el colectivo más eficaz en la conservación y gestión del 80% de la biodiversidad que queda en el mundo, lo que incluye la gestión de los mayores sumideros de carbono que quedan en el planeta, equivalentes a 33 veces las emisiones energéticas globales de 2017 (Veit et al. 2023). Es muy interesante considerar la relación que siempre mencionan –y consideran– estos colectivos entre los seres vivos, incluyendo al ser humano, y las leyes naturales (naturaleza) con la que consiguen el esencial equilibrio que permite la conservación de los hábitats en los que viven (Courchene 2019).

La falta de conciencia sobre la biodiversidad y su importancia es común (Miller 2005), y a veces se la percibe como un recurso que se puede explotar, por ejemplo, mediante la tala insostenible o la caza furtiva de animales salvajes (Myers et al. 2000). La comunicación sobre la biodiversidad es una cuestión crucial que debe abordarse para alcanzar los objetivos de los ODS (Naciones Unidas 2016) y el Convenio sobre la Diversidad Biológica o CDB (Naciones Unidas 1994 y 2006). La formación universitaria juega un papel crucial en la conservación de la biodiversidad, ya que promueve la conciencia y el conocimiento sobre la importancia de los ecosistemas, y los elementos que los integran, y los servicios que brindan (UNESCO 2022). Esa formación debe estar presente en todas las áreas, no solo en las relacionadas directamente con el medio, como pueden ser la Biología o las Ciencias Ambientales. Los programas educativos que impactan en el conocimiento de la biodiversidad han demostrado ser efectivos para cambiar las actitudes de los estudiantes hacia la conservación, mejorando su comprensión sobre cómo el crecimiento de la población humana y el cambio climático afectan a los ecosistemas, lo que sugiere que la educación es una herramienta vital en la Biología de la Conservación. La UNESCO también destaca la importancia de la educación en la sostenibilidad, promoviendo la integración del conocimiento indígena –y local– en los programas educativos como una forma de preservar la biodiversidad. Estas iniciativas reflejan un enfoque integral que vincula la educación superior con la conservación, reconociendo que una sociedad educada y consciente es clave para el uso sostenible y equitativo de la biodiversidad. La formación de líderes y profesionales verdaderamente concienciados es clave para la evolución de la sociedad hacia un futuro sostenible y justo.

Las universidades, además, son centros de investigación donde se desarrollan innovaciones y soluciones para proteger la biodiversidad y promover prácticas sostenibles. Esto incluye estudios sobre economía circular, el manejo de recursos naturales, y la mitigación del cambio climático. A través de proyectos de transferencia y colaboración con comunidades locales y la administración, pueden aplicar sus investigaciones en la práctica, e influir en políticas públicas. Por último, pueden liderar con el ejemplo al implementar prácticas de sostenibilidad en sus propios campus, como la reducción de residuos, el uso de energías renovables, y la promoción de la biodiversidad en sus espacios verdes. Como parte de ese servicio la Universidad de Navarra definió la Estrategia 2025, que propone contribuir a la resolución del desafío del desarrollo sostenible y el cuidado de las personas y del medio.

Como conclusión se puede decir, 1) la educación –y especialmente la universitaria– es esencial para conseguir que las actividades humanas sigan un modelo sostenible y equitativo; 2) el futuro de la biodiversidad –y de la humanidad– necesita de una acción colectiva global de una sociedad educada, incluidos los esfuerzos para promover el conocimiento local e indígena; 3) la conservación de la biodiversidad requiere un enfoque que involucre a todos, lo que implica que; 4) la promoción de la biodiversidad se comunique en un lenguaje –y con métodos adecuados– que llegue a todos los grupos de edad y a todas las comunidades.

Referencias

Adam, P. et al. 2017. "The growing tree of Archaea: new perspectives on their diversity, evolution and ecology". *The ISME Journal* 11: 2407-2425.
https://doi.org/10.1038/ismej.2017.122

Bergson, H. 1907. *L'Évolution créatrice.* París: Félix Alcan.

Cardinale, B. J. et al. 2012. "Biodiversity loss and its impact on humanity". *Nature* 486(7401): 59-67.
http://dx.doi.org/10.1038/nature11148

Courchene, D. 2019. *Indigenous Values on Climate Change.* Cambridge: Cultural Survival.
https://www.culturalsurvival.org/news/indigenous-values-climate-change

Esquinas-Alcázar, J. 2015. "Protecting crop genetic diversity for food security: political, ethical, and technical challenges". *Nature Reviews Genetics* 6(12): 946-953.
http://dx.doi.org/10.1038/nrg1729

FAO. 2010. *The Second Report on the State of the World's Plant Genetic Resources for Food and Agriculture.* Rome: Food and Agriculture Organization of the United Nations.
https://www.fao.org/4/i1500e/i1500e00.htm

Francisco (papa). 2015. Carta Encíclica *Laudato si' sobre el cuidado de la casa común.* Roma: Editrice Vaticana.
https://www.vatican.va/content/dam/francesco/pdf/encyclicals/documents/papa-francesco_20150524_enciclica-laudato-si_sp.pdf

Gibson, L. et al. 2011. "Primary forests are irreplaceable for sustaining tropical biodiversity". *Nature* 478(7369): 378-381.
https://doi.org/10.1038/nature10425

Hamilton, A. J. 2005. "Species diversity or biodiversity?" *Journal of Environmental Management* 75: 89-92.
https://doi.org/10.1016/j.jenvman.2004.11.012

Hugenholtz, P., B.M. Goebel & N.R. Pace. 1998. "Impact of Culture-Independent Studies on the Emerging Phylogenetic View of Bacterial Diversity". *Journal of Bacteriology* 180(24): 6793.
https://doi.org/10.1128/jb.180.18.4765-4774.1998

IPBES. 2019. *Summary for policymakers of the global assessment report on biodiversity and ecosystem services of the Intergovernmental Science-Policy Platform on Biodiversity and Ecosystem Services.* Díaz S. et al (eds.). Bonn, IPBES secretariat.
https://doi.org/10.5281/zenodo.3553579

Locey, K.J. & J.T. Lennon. 2016. "Scaling laws predict global microbial diversity". *Proceedings of the National Academy of Sciences* 113(21): 5970-5975.
https://doi.org/10.7287/peerj.preprints.1451

Mace, G.M., K. Norris & A.H. Fitter. 2012. "Biodiversity and ecosystem services: A multilayered relationship". *Trends in Ecology and Evolution* 27(1): 19-26.
https://www.sciencedirect.com/science/article/pii/S0169534711002424

Miller, J.R. 2005. "Biodiversity conservation and the extinction of experience". *Trends in Ecology and Evolution* 20(8): 430-434.
https://doi.org/10.1016/j.tree.2005.05.013

Mora, C. et al. 2011. "How Many Species Are There on Earth and in the Ocean?" *PLOS Biology* 9(8): e1001127.
https://doi.org/10.1371/journal.pbio.1001127

Myers, N. et al. 2000. "Biodiversity hotspots for conservation priorities". *Nature* 403(6772): 853-858.
https://doi.org/10.1038/35002501

Naciones Unidas. 1994. *Primer documento oficial sobre el Convenio sobre la Diversidad Biológica (CBD).* Nueva York: Naciones Unidas.
https://www.cbd.int/doc/meetings/cop/cop-01/official/cop-01-17-es.pdf

Naciones Unidas. 2006. *Perspectiva Mundial sobre la Diversidad Biológica 2.* Nueva York: Naciones Unidas.
https://www.cbd.int/doc/gbo/gbo2/cbd-gbo2-es.pdf

Naciones Unidas. 2007. *United Nations Declaration on the Rights of Indigenous Peoples.* Nueva York: Naciones Unidas.
https://www.un.org/en/genocideprevention/documents/atrocity-crimes/Doc.18_declaration%20rights%20indigenous%20peoples.pdf

Naciones Unidas. 2016. *Objetivos de Desarrollo Sostenible.* Nueva York: Naciones Unidas.

https://www.un.org/sustainabledevelopment/es/objetivos-de-desarrollo-sostenible/

Paine, R.T. 1969. "A note on trophic complexity and community stability". *The American Naturalist* 103(929): 91-93.
http://dx.doi.org/10.1086/282586

Purvis, B., Y. Mao & D. Robinson. 2019. "The three pillars of sustainability: in search of conceptual origins". *Sustainability Science* 14: 681-695.
https://doi.org/10.1007/s11625-018-0627-5

Takacs, D. 1996. *The idea of biodiversity: Philosophies of paradise.* London: Johns Hopkins University Press.

TEEB. 2010. *The Economics of Ecosystems and Biodiversity Ecological and Economic Foundations.* Pushpam Kumar (ed.). London & Washington: Earthscan.

Thrupp, L.A. 2000. "Linking Agricultural Biodiversity and Food Security: The Valuable Role of Biodiversity for Sustainable Agriculture". *International Affairs* 76(2): 265-283.
https://doi.org/10.1111/1468-2346.00133

Tollefson, J. 2020. "Why deforestation and extinctions make pandemics more likely". *Nature* 584:175-176.
http://dx.doi.org/10.1038/d41586-020-02341-1

UNESCO. 2022. *Education and awareness.* Paris: UNESCO.
https://www.unesco.org/en/biodiversity/education

Universidad de Navarra. 2021. *Estrategia 2025 de la Universidad de Navarra.* Pamplona: Universidad de Navarra.
https://www.unav.edu/conoce-la-universidad/estrategia-2025

Veit, P., D. Gibbs & K. Reytar. 2023. *Indigenous Forests Are Some of the Amazon's Last Carbon Sinks.* Washington, D.C.: World Resources Institute.
https://www.wri.org/insights/amazon-carbon-sink-indigenous-forests

Watson, J.E.M. et al. 2018. "The exceptional value of intact forest ecosystems". *Nature Ecology and Evolution* 2: 599-610.
http://dx.doi.org/10.1038/s41559-018-0490-x

Whittaker, R.H. 1977. "Evolution of species diversity in land communities". In *Evolutionary Biology*, edited by M. K. Hecht & W.C. Steere, 1-77. New York: Plenum Press.

Wilcox, B.A. 1984. "In situ conservation of genetic resources: Determinants of minimum area requirements". In *National Parks, Conser-*

vation, and Development: The Role of Protected Areas in Sustaining Society, proceedings of the World Congress on National Parks, Bali, Indonesia, 11-22 October 1982, edited by J.A. McNeeley & K.R. Miller, 639-647. Washington, D.C.: Smithsonian Institution Press.

Wilson, E.O. 1988. *Biodiversity*. Washington, D.C.: National Academy Press.

World Commission on Environment and Development (WCED). 1987. *Our Common Future*. Oxford: Oxford University Press.

Zhu, Y. et al. 2003. "Conserving Traditional Rice Varieties through Management for Crop Diversity". *BioScience* 53 (2): 158-162. https://doi.org/10.1641/0006-3568(2003)053[0158:CTRVTM]2.0.CO;2

12

¿Qué entendemos por sostenibilidad en la gestión de las empresas de comunicación?

Mercedes Medina

Facultad de Comunicación, Universidad de Navarra

En la actualidad, las empresas de comunicación se enfrentan a grandes retos relacionados con la sostenibilidad, pues es responsabilidad de todos cuidar los recursos actuales y preservarlos para futuras generaciones. En el ámbito de la gestión de medios, el término sostenibilidad hace referencia a la teoría de Porter sobre la ventaja competitiva sostenible en el tiempo (Porter 2004), que orienta a las compañías a obtener resultados extraordinarios y a mantener su posición en el mercado en el tiempo de manera que se conviertan en marcas consolidadas y reconocidas por el público (Chan-Olmsted 2005). Sin embargo, en 2015 la Asamblea General de las Naciones Unidas publicó los Objetivos de Desarrollo Sostenible, y a la sostenibilidad económica, se añade la sostenibilidad medioambiental y social. La mayoría de las empresas incorpora la sostenibilidad como objetivo estratégico y desarrolla protocolos y sistemas para gestionarla, buscando generar con su actividad ordinaria un impacto positivo en el entorno económico, social y medioambiental. A continuación, expondré en qué medida la investigación reciente recoge cómo se han incorporado los criterios de sostenibilidad en la gestión de medios de comunicación.

Los medios de comunicación son esenciales para la sociedad porque responden por una parte al derecho fundamental que todo ciudadano tiene de estar informado y son necesarios para la buena marcha de las democracias (Curran 2011). Que las empresas de comunicación sobrevivan no es un problema sólo para sus accionistas, sino que afecta a la sociedad en su conjunto porque son empresas que tienen un alto impacto en el comportamiento de los ciudadanos (Deuze 2014). Por otra parte, la sostenibilidad no sólo es un tema sobre el que los medios deben informar y concienciar, sino que en sí mismas las empresas de comunicación, como otras empresas, tienen una responsabilidad de cara a sus empleados, a sus accionistas, a sus clientes, a sus proveedores y al público.

Sin embargo, la industria periodística lleva años en crisis por diversos motivos y con diversas dimensiones. Aunque algunas empresas de comunicación nacieron hace más de cien años con una clara misión de servir al público, de acuerdo a unos principios que justificaban su actividad, otras se orientaron a obtener una rentabilidad a corto plazo, aún a riesgo de perjudicar su permanencia. Por otra parte, el mercado ha cambiado muy rápido en los últimos años, al igual que la sociedad, y muchas compañías no han sido capaces de adaptarse; han seguido manteniendo el modelo de negocio tradicional que les ha funcionado durante décadas, pero que en la actualidad no es sostenible, debido a la acelerada pérdida de ingresos (Chyi & Yang 2009; Malmelin & Villi 2017), a la incertidumbre asociada a los cambios de los intereses de las audiencias (Gupta & Singharia 2021) y al acelerado incremento de los competidores (Perego & Yuksel 2022). En los tiempos actuales sometidos a la inestabilidad y al cambio, ofrecer soluciones que permitan sobrevivir y permanecer se presenta como un gran reto.

Para afrontar esta crisis tanto los investigadores como los gestores de medios se han centrado sobre todo en el modelo de ingresos de las compañías de medios tratando de explorar qué vías de ingresos les permite subsistir. En las últimas décadas muchas empresas se han visto abocadas al cierre, al recorte de plantillas o a ser adquiridas por otras compañías para sobrevivir (Medina, Sánchez-Tabernero & Breiner 2021).

El marco regulatorio general ha contribuido a que todo tipo de empresas adopte criterios de sostenibilidad en su gestión. En Europa, la Directiva 2022/2464 sobre información corporativa en materia de sostenibilidad requiere que las empresas informen a sus accionistas, no sólo sobre aspectos económico-financieros, sino también sobre las decisiones que tengan un impacto medioambiental y social, como la igualdad, diversidad, inclusión, cumplimiento de derechos humanos y transparencia en las relaciones con proveedores y clientes (Baumüller & Sopp 2022; Buallay 2022).

Como el resto de las empresas, las compañías de medios también están adoptando medidas centradas en la sostenibilidad, que prioricen las consideraciones sociales y medioambientales junto con el desempeño financiero, como certifica el movimiento mundial BCorp o como anima a desarrollar la European Broadcasting Union (EBU) para las televisiones públicas (Mehta 2021). Compañías como la BBC, RTVE, Axel Springer, *The Guardian*, o la revista *Elle* han incorporado a su gestión ordinaria políticas dirigidas a las audiencias y a los empleados y a cimentar su compromiso con el medioambiente y la sociedad en general (Hodgson, Tonnesen & Mimmack 2013). En la producción audiovisual también ha habido iniciativas para establecer procesos respetuosos con el medio ambiente. The Producers Guild of America (PGA) creó en 2008 la guía para la Producción Verde, para llevar a cabo producciones audiovisuales sostenibles. Algunas compañías como Amazon Studios, Disney, Fox Corporation, NBCUniversal, Netflix, Sony Pictures Entertainment, Paramount, Discovery and Warner Bros han firmado la Alianza para la Producción Sostenible (SPA) para reducir el impacto medioambiental de la industria audiovisual.

Antes de ver cómo se puede aplicar la Agenda 2030 a las empresas de comunicación desde el punto de vista de su dirección estratégica, conviene detenerse en algunas peculiaridades que tienen en común las empresas de comunicación.

La complejidad de la gestión de medios de comunicación

La *gestión de medios* es la disciplina que aplica las teorías generales de gestión, administración y dirección de personas y recursos a las empresas de comunicación. Estas compañías tienen en común que producen, distribuyen y comercializan contenidos informativos y de entretenimiento, encaminados a informar, entretener y/o persuadir al público al que se dirigen (Gershon 2001; Picard & Lowe 2016; Albarran 2019). Esta disciplina deriva de la disciplina general *Economía de los medios*, que estudia cómo afectan las fuerzas económicas y financieras a las diferentes actividades, sistemas, organizaciones y empresas de comunicación, donde se incluyen los destinatarios de los medios como parte del ecosistema (Picard 2003; Albarran 1996). Tiene su cuerpo teórico propio, escuelas y autores de referencia, y se diferencia de la Comunicación Corporativa o de teorías generales del Periodismo o de la Producción audiovisual, aunque son campos afines (Lowe & Brown 2016; Mierzejewska 2011; Kung 2007; Hollifield 2001).

El sector de medios y entretenimiento forma parte de las industrias creativas. Su actividad principal es producir contenidos intelectuales, de naturaleza intangible, con capacidad de influir en la mente de quien los consume. Abarca desde las compañías de televisión y radio, las productoras audiovisuales de ficción, programas de entretenimiento y videojuegos, hasta empresas periodísticas, agencias informativas o publicitarias, tanto las que nacieron hace más de cien años como las nativas digitales más recientes. Entre estas compañías cabe distinguir aquellas que tienen ánimo de lucro de aquellas denominadas de servicio público, cuyo fin no es lucrativo, sino que deben prestar un servicio esencial a la sociedad. Por otra parte, los medios informativos tienen una responsabilidad mayor porque su existencia se legitima por hacer efectivo el derecho universal a la información, "todas las personas tienen derecho a estar informadas", reconocido en la Declaración Universal de los Derechos Humanos" (artículo 50).

La gestión de las empresas de comunicación se enfrenta a una serie de tensiones. Por una parte, operan en un mercado dual, es decir, tienen que servir a una doble clientela, a las audiencias y a los anunciantes. Esto plantea el dilema de a quién dirigirse prioritariamente (Arrese 2004), cómo alcanzar la audiencia con productos atractivos (Herrero 2009), cómo llegar al consumidor final, con un único producto o personalizando la oferta (Loebbecke, Oberschulte y Boboschko 2021), o cómo atraer a los anunciantes (Anderson & Gabszewicz 2006). Por otra parte, surgen tensiones entre los creadores de contenidos, cuyo trabajo es de naturaleza intelectual, y los gestores, cuya responsabilidad es asegurar la rentabilidad de la empresa (Roses & Humanes-Humanes 2019). El modelo de negocio que ha sustentado la supervivencia de estas empresas durante años se ha deteriorado. Las empresas financiadas con publicidad han visto disminuir sus ingresos debido a las crisis económicas (Pérez-Latre 2007), y las empresas periodísticas de pago han arruinado su modelo al regalar en línea por lo que antes se pagaba (Bakker 2012). Además, algunas empresas están sujetas a los intereses políticos que dificultan su independencia editorial (McChesney & McChesney 2008). Añadido a esto, el sector de los medios es muy dependiente de la continua evolución de la tecnología desarrollada por terceros (Chan-Olmsted 2004; Picard 2004).

Business Model Canvas como marco de referencia

A continuación, expondremos aquellas decisiones que pueden contribuir a reforzar la sostenibilidad social y económica de las empresas de comunicación. Para el análisis elegimos como marco teórico el Modelo de Negocio Canvas (BMC) de Osterwalder y Pigneur (2010) por ser un sistema completo que permite analizar la complejidad de la dirección de empresas (Afuah & Tucci 2000). BMC ha sido un recurrente común para muchos estudios sobre gestión de medios de comunicación (Casero-Ripollés & Izquierdo-Castillo 2013; Cestino & Mathews 2016; Cook & Srikunnen 2013; Wikstr & Ellonen 2012) y de acuerdo a Requejo & Lugo (2014) y Mütterlein & Kunz (2017), se adapta a las características propias de las empresas de comunicación.

El BMC se compone de nueve bloques fundamentales: segmentos de clientes, propuesta de valor, canales, relaciones con los clientes, flujo de ingresos, recursos clave, actividades clave, socios clave y estructura de costes. La propuesta de valor hace que la oferta sea única para el cliente y diferencie a la empresa de sus competidores. Requiere identificar qué necesidades cubre la empresa, cuál es la ventaja competitiva y por qué los clientes eligen el negocio. La pregunta clave de las empresas de medios es cómo crear valor para la audiencia. Para ello, conocer bien a sus clientes es tarea esencial. El BMC estructura este análisis a través de su segmentación, los canales a través de los cuales se relaciona con ellos y las relaciones comerciales que permiten alcanzar nuevos clientes y retener a los que ya están. Como en otras empresas se necesitan activos económicos, tecnológicos y físicos para producir, comercializar y entregar los bienes producidos, pero por su naturaleza intangible, para los contenidos de los medios, la creatividad y los recursos intelectuales son esenciales (Arrese 2004). Algunos de ellos se adquieren gracias a alianzas estratégicas con terceros y otros son desarrollados en la propia empresa. Las actividades claves se refieren a todas las actividades necesarias para producir, comercializar y distribuir los productos, ya sea por sistemas tradicionales o gracias a la tecnología digital. Todos estos recursos, alianzas y actividades generan gastos y requieren ingresos suficientes para asegurar la sostenibilidad de la empresa. De dónde proviene el dinero y/o cuánto pueden pagar los clientes por el producto o servicio constituye el bloque de ingresos.

La literatura científica sobre el *Modelo de negocios* de empresas de comunicación se centra en la caída de las ventas y en la búsqueda de nuevos flujos de ingresos (Vara et al. 2021), lo que no permite tener una visión holística de la sostenibilidad. Sin embargo, en la actualidad, la sostenibilidad tiene otras dimensiones más allá de los resultados económico-financieros, como es el bienestar laboral de los empleados, la lealtad de la audiencia como condición para garantizar la sostenibilidad y una cultura corporativa que incluye el servicio a la comunidad (Sakr 2016).

Para Wells (2013), los objetivos de sostenibilidad se pueden integrar en los elementos del BMC como la propuesta de valor que incluye actividades de creación y entrega de valor y/o mecanismos de captura de valor, como eficiencia de recursos, relevancia social, localización y compromiso, longevidad, compromiso ético y crecimiento laboral. Teniendo en cuenta la triple dimensión de la sostenibilidad, consideramos que la estructura de costes y las fuentes de ingresos están directamente relacionados con la sostenibilidad económica. Por otra parte, la sostenibilidad social se ve reflejada en las decisiones de la propuesta de valor, los clientes y los recursos en cuanto afectan a los trabajadores, y finalmente, la sostenibilidad medioambiental tiene sin duda reflejo en los costes, en la inversión y gestión de recursos materiales, económicos y tecnológicos, en la propuesta de valor y en la selección de socios claves en la cadena de valor.

Sostenibilidad en la gestión de medios

La literatura de la gestión de medios orientada desde la sostenibilidad refuerza las teorías previas sobre la propuesta de valor. La propuesta de valor, es decir, el diseño de una oferta adecuada a las necesidades de la audiencia, con un compromiso con la verdad y la calidad de los contenidos, necesariamente conlleva pensar la sostenibilidad en el largo plazo (Zabel & Telkmann 2021; Zboralska 2017; Achtenhagen, Melesko & Ots 2018; Nee 2013). Sólo quienes piensan en proyectos empresariales que duren en el tiempo son capaces de definir el propósito de la compañía sobre bases sólidas y reconocidas por el público y arriesgar recursos para su consecución. El reconocimiento y aceptación del público y ese propósito que supera vaivenes políticos y entornos cambiantes se plasma en una identidad de marca con estilo propio, diferente de los competidores, que garantiza la fidelidad del público (Malmelin & Moisander 2014). Un elemento importante de esta propuesta es el compromiso con la comunidad a la que se dirige. En un mundo globalizado, lo local, lo cercano, se ofrece como una alternativa posible que garantiza la sostenibilidad social y económica en cuanto a que refuerza su servicio a la comunidad más cercana y su aceptación (Olsen & Solvoll 2018; Jones & Schultz 2017; Baines 2012). De acuerdo a Günster, Lis & Nienstedt (2018), esta aportación a la comunidad y al entorno puede medirse con parámetros tangibles.

La relación estrecha con la audiencia destaca como un objetivo prioritario para la supervivencia de las empresas de comunicación. La mayor parte de los artículos publicados recientemente en esta área versan sobre la audiencia de los medios (Arriaza-Ibarra 2022; Latorre, Marco-Fondevula & Orive-Serrano 2021; Desai & Kim 2021; Steensen, Ferrer-Conill & Petres 2020). Para algunos autores, en el mundo digital, no basta atraer tráfico de usuarios, es necesario conseguir una fuerte vinculación de la audiencia con los contenidos (Harlow & Chadlha 2021; Castells-Fos, Pont-Sorribes & Codina 2022).

Lo más importante y complejo a la vez, es cautivar a la audiencia con contenidos atractivos y adecuados (Chyi et al. 2021). Como consecuencia de la crisis, muchas empresas periodísticas se han centrado en el aspecto financiero, y servir a la audiencia ha pasado a segundo plano. Han renunciado a la calidad de los contenidos para conseguir ingresos a corto plazo. Como propuesta, Zboralska (2017) defiende que el futuro de las empresas de comunicación pasa por servir a la audiencia y colocarla en el centro de las decisiones.

Aunque la interacción del público en las redes sociales no necesariamente significa una aprobación de los contenidos producidos, prestar atención a las conversaciones generadas por los usuarios a raíz de los contenidos de los medios en las redes sociales puede ser una ayuda para ampliar la relación con el público (Lee 2015; Maryani, Rahmawan & Karlinnah 2020). En sus investigaciones Steensen, Ferrer-Conill y Peters (2020) y Boboschko, Löbbecke & Oberschulte (2021) cuestionan la falacia de la personalización que los medios digitales prometen. Por otro lado, la medición de estas interacciones no termina de estar clara, ni existe una fuente única que mida la audiencia de las diferentes plataformas de distribución de los contenidos (Mamoria & Tabeja 2021).

Sin embargo, la tecnología digital permite ampliar el conocimiento de las audiencias y obtener datos de sus costumbres, las razones que les mueve a pagar por los contenidos, cómo consumen los medios y qué hábitos de compra, más allá del uso de los medios, tienen (Guo 2022; Ladson & Lee 2017). La investigación sobre cómo convertir en audiencia fiel a los usuarios que esporádicamente mariposean consultando los contenidos, es crucial para el desarrollo futuro de las compañías (Ewart & Massey 2012).

Frente a la inercia de compañías que basan su estrategia en alcanzar grandes audiencias, algunos autores proponen los medios especializados dirigidos a audiencias de nicho como modelos más viables (Mierzejewska & Shaver 2014; Medina, Sánchez-Tabernero & Breiner 2021).

La literatura sobre gestión de medios presta una atención especial a los fundadores y dueños de las empresas, ya que la tensión continua entre la gerencia económico-financiera y la dirección editorial es un problema malamente resuelto y agudizado tras la crisis económica e institucional de los últimos años. Dentro del BMC podemos considerar la propiedad como un recurso clave. Algunos abogan por una solución basada en fundaciones, como algunas empresas periodísticas tienen (Achtenhagen, Melesko & Ots 2018), o por los fondos de capital riesgo para garantizar la solvencia económica y la independencia editorial (Kosterich & Weber 2018). En otros casos, las empresas "familiares" ofrecen la estructura más sólida para garantizar la sostenibilidad, porque son garantes de los valores originales de las compañías y de perpetuar su actividad en años venideros (Powers & Zhao 2019). El tamaño de las compañías también es considerado como un recurso clave. En ese sentido, los conglomerados mediáticos están mejor preparados para hacer frente a los momentos de penuria y crisis económicas que las pequeñas empresas (Maryani, Rahmawan & Karlinah 2020).

El interés creciente por las empresas de nueva creación también ha dejado huella en la literatura especializada en gestión de medios (Achtenhagen 2017). Bruggermann y otros autores (2016) lo ven como una salida para garantizar la sostenibilidad del negocio de los medios de comunicación. La experiencia y capital acumulado de veteranos periodistas ha contribuido a dar luz a nuevos proyectos periodísticos con sello propio (Baikin, Shalbolova & Kazbekova 2017). Según Naldi y Picard (2012), el perfil de los emprendedores, clave para la continuidad de las start-ups, requiere experiencia previa, voluntad de permanencia y capacidad de adaptarse a los cambios del mercado.

Así como varios artículos se dedican a los dueños, la literatura reciente de la gestión de medios no pone foco particular en los empleados. Sin embargo, para Klaß (2021) el auténtico poder de los medios de comunicación radica en los creadores de contenidos y en los periodistas. En la medida en que las compañías atraigan y retengan talento humano, ofrecerán contenido relevante y diferencial a las audiencias quienes establecerán vínculos afectivos y comerciales con esas marcas.

La tecnología en cambio es vista como uno de los recursos clave de la industria de los medios. Siempre ha sido así, ya que es una industria tecnológicamente dependiente. Desde los años noventa, la tecnología digital ha transformado con fuerza y alta velocidad la producción, distribución, comercialización y consumo de los contenidos. Últimamente, la Inteligencia Artificial ha acaparado la atención de los estudios en comunicación[8]. Para Chan-Olmsted (2019) la IA se puede aplicar a todos los procesos relacionados con las audiencias para conseguir una mejor optimización y automatización de los contenidos y conseguir que lleguen eficazmente a aquellos que tienen interés y así se evite producir contenido inútil con el que el público no conecta.

La tecnología también puede ayudar a conseguir una organización de los recursos disponibles más eficiente (Nair, Chellasmy & Singh 2019). Asimismo, ha dado origen a nuevos sectores emergentes como los eSports, que han aparecido con una gran fuerza

---

8. Vid., por ejemplo, *Communication and Society* (2024) Special Issue "The Use of Artificial Intelligence in Communication: Ethical Implications for Media" 37 (1-4). https://revistas.unav.edu/index.php/communication-and-society/issue/archive

competitiva (Hanna & Ji 2020; Scholz 2020). La investigación en el desarrollo tecnológico genera inquietud desde la óptica humanista y hay quienes ven un posible riesgo en la pérdida de puestos de trabajo que son sustituidos por máquinas. En las empresas creativas el capital humano resulta esencial para juzgar y contextualizar lo acaecido o desarrollar historias verosímiles con significado para el público (Chan-Olmsted 2019). Ahora bien, la innovación tecnológica también puede ser vista como una oportunidad para que los empleados adquieran una serie de habilidades y destrezas para mejorar su preparación. Esta oportunidad es vista como un reto para las empresas de comunicación (Shah 2024).

Incluimos como actividades clave aquellas relacionadas con la dirección estratégica, el liderazgo de los líderes y su visión de la organización. Para Jääskeläinen y Yanama (2020), las empresas que sobreviven se caracterizan por apostar por una marca sólida, el desarrollo de capacidades tecnológicas, y la habilidad para orquestar con tino las relaciones entre los dueños y los profesionales de los contenidos consecuencia de un líder visionario. El objetivo de desarrollo sostenible pasa por prestar atención a la organización. Algunos priorizan la planificación y previsión (Ihejirika, Goulding & Calvert 2021), mientras que otros ponen el énfasis en el aprendizaje continuo, la innovación y la adaptación a los cambios permanentes del entorno (Telkmann 2021; Setiyaningrum & Peranginangin 2018; Chyi & Tennant 2017; Ewart & Massey 2016; Oliver 2016; Bianchi, Cosenz & Marinkovic 2015; Nee 2013).

Ciertamente el gran problema de la crisis es que los ingresos se han visto menguados y esto ha puesto en riesgo la sostenibilidad financiera y global de la industria de los medios, sobre todo si las empresas de comunicación siguen dependiendo de su desempeño económico para sobrevivir (González-Tosat & Sádaba-Chalezquer 2021; Cook & Sirkkunen 2019). El punto de partida de la mayoría de los artículos es la precariedad de los medios de comunicación, fruto de la crisis económica del 2008-2014, que el Covid19 contribuyó a acelerar (Latorre-Martínez, Marco-Fondevila & Orive-Serrano 2012; Papadmitrou 2017). Aunque la investigación enfocada en cómo generar ingresos es la más extensa, este sigue siendo hoy uno de los temas sin resolver en la gestión de los medios de comunicación y las compañías, tanto tradicionales como nuevas, siguen dando bandazos sin terminar de encontrar la solución que les proporcione estabilidad.

En este sentido hay quienes piensan que el Estado, a través de ayudas económicas, debe asumir parte de la financiación de los medios privados (Brüggemann, Esser & Humprecht 2020; Primorac 2020; Papadimitriou 2017). Otros exploran si los modelos de pago garantizan mejor la durabilidad de las compañías (Marta-Lazo, Segura-Anaya & Martínez-Olivin 2017; Evens & Van Damme 2016; Dürenberg & Goyanes 2014) o, por el contrario, hay que seguir fiando los ingresos a los anunciantes y explorando nuevos modos de integrarlos en la producción de los contenidos (Palau-Sampio 2021; Bakiolu 2018; Luoma-Aho, Poutanen & Suhanko 2016; Krumsvik 2012). También son abundantes las investigaciones que abordan la posibilidad de garantizar la viabilidad mediante la diversificación de las fuentes de ingresos, el crowdfunding (Ladson & Lee 2017; Loriguillo-López 2017; Steemers 2017) o la explotación comercial de los derechos de propiedad intelectual derivados de los contenidos (Potter 2017).

Los cambios del modelo de negocio de las empresas periodísticas y de la industria del entretenimiento han afectado de manera diferente a la supervivencia de las compañías. Mientras que las primeras arruinaron su modelo de negocio basado en el pago porque distribuyeron gratuitamente sus contenidos en Internet, las segundas han sabido ofrecer unos contenidos y unos servicios que han justificado el pago directo de los usuarios (Guo 2022; Corredoira & Sood 2015).

La investigación sobre las fuentes de ingresos reconoce la importancia de los contenidos para atraer ingresos. En este sentido la calidad percibida por el público, las garantías de protección de los datos personales compartidos, o el cuidado formal de los mismos son atributos clave para generar confianza en la audiencia (Püchel & Wellbrok 2022; Guo 2022; Luoma-Aho, Poutanen & Suhanko 2016).

Los costes son la parte menos estudiada del modelo de negocio de las empresas de comunicación. La sostenibilidad implica optimizar recursos, reducir gastos innecesarios y garantizar que las inversiones sean eficientes y responsables. Para Brüggemann, Esser y Humprecht (2020), más que reducir costes, para mantener los negocios en el tiempo, hace falta producir contenidos originales y creativos. El problema radica en que la producción de contenidos requiere grandes inversiones que pueden poner en riesgo la sostenibilidad de la empresa a largo plazo (Gao, He & Li 2022).

Joyce y Paquin en 2016 ampliaron el BMC teniendo en cuenta aspectos del impacto medioambiental y social. Olkkonen (2018) propone un modelo de gestión integrado que abarca las dimensiones ética, social, medioambiental y de comunicación corporativa dentro de las empresas de medios de comunicación. Sin embargo, la sostenibilidad medioambiental en la gestión de los medios de comunicación ha sido todavía poco estudiada (Jaehnig & Onyebadi 2011; Lopera-Mármol & Jiménez-Morales 2021; Miller 2015). Para los investigadores, cuyos estudios son previos a la publicación de los ODS, la responsabilidad social corporativa es un compromiso "voluntario", que equilibra el interés público y las preocupaciones financieras de las partes interesadas y no responde a una imposición externa de las empresas (Hou & Reber 2011). El estudio técnico de Schien (2021) compara el impacto ambiental de varios sistemas de distribución de televisión y revela que el consumo de energía de las empresas de streaming es similar al de la televisión por cable.

Conclusiones

Tras el estudio de la investigación reciente sobre cómo se aplica la sostenibilidad a la gestión de medios de comunicación podemos sacar algunas conclusiones. En primer lugar, la sostenibilidad es vista desde la disciplina de gestión de medios principalmente en términos económicos. Esto se debe a las consecuencias de la recesión económica que afectó al sector en la primera década del siglo XXI y a la consiguiente precariedad de las empresas. Gran parte del interés científico y de la industria se ha centrado en la búsqueda de soluciones ante la disminución de ingresos. Las propuestas en este sentido pasan por fomentar el pago para mostrar el valor de la información contrastada; mientras otros defienden que, para asegurar la sostenibilidad de las empresas de medios, hacen falta incentivos y políticas gubernamentales que las protejan, sin obviar el riesgo de pérdida de independencia que este apoyo puede ocasionar.

Las propuestas de sostenibilidad económica se centran más en explorar nuevas fuentes de ingresos que en reducir la estructura de costes. Afrontar acciones de sostenibilidad puede ser una vía para crecer en rentabilidad a largo plazo, sin embargo, no hay que perder de vista que también lleva a aumentar costes a corto y medio plazo. Por tanto, habrá que investigar con más detalle las consecuencias de introducir medidas de sostenibilidad en la competitividad de las compañías.

Desde este prisma, la sostenibilidad se puede definir como el crecimiento económico y la adaptación a los cambios. En ese sentido, la solidez de la estructura de propiedad y el compromiso de sus dueños por servir a las audiencias, debe ser visto como uno de los pilares para garantizar la continuidad de las empresas.

En los últimos años se observa un interés creciente por la sostenibilidad social enfocada a poner a la audiencia en el centro de las decisiones y a desarrollar estrategias que llevan a contar con ella en las decisiones nucleares de los medios como es la gestión de contenidos, o las herramientas que pueden contribuir a mejorar el servicio o la monetización. El impacto sobre la comunidad y la sociedad lleva a desarrollar contenidos y servicios centrados en las necesidades de la comunidad más cercana y procurar apostar por contenidos que solucionen problemas reales de los espectadores y lectores. Asimismo, el empeño por distribuir los contenidos por el mayor número de canales posibles para llegar a las audiencias se ha hecho ya práctica habitual en muchas empresas.

El impacto social también se mide en los empleados de las compañías y en ese sentido se echa de menos que la investigación en gestión de medios desde la sostenibilidad no haya puesto su interés en los despidos, ni en las políticas de motivación, ni en la capacitación de los profesionales. Como afirman autores vinculados a otras disciplinas como los estudios de periodismo o la ética de los medios (Gutiérrez-Cuesta, Vink & Cantalapiedra 2022; Marcos, Edo & Parra 2018; Couldry et al. 2013; Deuze 2005), los profesionales son la auténtica ventaja competitiva de las compañías de medios y, por tanto, garantes de su sostenibilidad. Sólo Luoma-Aho, Poutanen and Suhanko (2016) y Sakr (2016) centran su investigación en la importancia de la formación de periodistas y de su participación en la toma de decisiones dentro de la disciplina de gestión de medios.

La formación, promoción y motivación de los empleados debe adquirir una prioridad en las compañías que quieran perdurar en el futuro. La calidad de los contenidos depende en gran medida de la preparación y entusiasmo de sus creadores. La investigación académica en gestión de medios debe aportar luces y perspectivas a los directivos de medios para no desatender uno de los recursos más valiosos de la industria creativa, y más con la amenaza creciente de la IA como sustituto de muchos puestos de trabajo.

Aunque en todas las empresas se están implementando políticas para paliar el daño medioambiental de la producción y distribución de contenidos, la sostenibilidad medioambiental es todavía un área por explorar en la investigación propia de la gestión de medios. Sin embargo, resulta imperativo que las empresas de medios de comunicación distingan las decisiones centrales relacionadas con la producción de contenidos, la satisfacción de las necesidades de la audiencia, el desarrollo profesional, las consideraciones de los trabajadores y la viabilidad económica, de otras decisiones que se pueden considerar periféricas, como la preservación de la biodiversidad, la reducción de la huella de carbono y la promoción de fuentes de energía renovables. Los estudiosos y profesionales de la comunicación debemos reconocer que el mayor impacto de las empresas de comunicación procede de los contenidos que producen. Su razón social tiene que ver con informar a la ciudadanía, controlar al poder político y entretener de modo saludable a los espectadores. El cuidado de estos tres aspectos contribuirá a hacer de su oferta un servicio insustituible por el que los consumidores estarán dispuestos a pagar.

Referencias

Achtenhagen, L. 2017. "Media Entrepreneurship-Taking Stock and Moving Forward". *International Journal on Media Management* 19(1): 1-10.
https://doi.org/10.1080/14241277.2017.1298941
Achtenhagen, L., S. Melesko & M. Ots. 2018. "Upholding the 4th estate-exploring the corporate governance of the media ownership form of business foundations". *International Journal on Media Management* 20(2): 129-150.
https://doi.org/10.1080/14241277.2018.1482302
Albarran, A. 1996. *Media Economics: Understanding Markets, Industries and Concepts*. Ames: Iowa State University Press.

Albarran, A. 2019. *A Research Agenda for Media Economics*. Northampton, MA: Edward Elgar.

Anderson, S. P. & J.J. Gabszewicz. 2006. "The media and advertising: a tale of two-sided markets". In *Handbook of the Economics of Art and Culture*, edited by V. A. Ginsburg & D. Throsby, 567-614. North-Holland: Elsevier.
https://doi.org/10.1016/S1574-0676(06)01018-0

Arrese, A. 2004. "Some considerations on the management of media products and contents". *Communication & Society* 17(2): 9-44.
https://doi.org/10.15581/003.17.36331

Arriaza-Ibarra, K. 2022. "Trends and Perspectives on Digital Platforms and Digital Television in Europe". *International Journal of Communication* 16: 457-460.

Baikin, A., U. Shalbolova & L. Kazbekova. 2017. "Regional Diversification of Entrepreneurial Activity in the Republic of Kazakhstan". *Espacios* 38(46): 35.
https://www.revistaespacios.com/a17v38n46/17384635.html

Baines, D. 2012. "Hyper-Local News: A Glue To Hold Rural Communities Together?" *Local Economy*, 27(2): 152-166.
https://doi.org/10.1177/0269094211428860

Bakiolu, B. 2018. "Exposing Convergence: Youtube, Fan Labour, and Anxiety of Cultural Production In *Lonelygirl15*". *Convergence* 24(2): 184-204.
https://doi.org/10.1177/1354856516655527

Bakker, P. 2012. "Aggregation, content farms and Huffinization: The rise of low-pay and no-pay journalism". *Journalism practice* 6(5-6): 627-637.
https://doi.org/10.1080/17512786.2012.667266

Baumüller, J. & K. Sopp. 2022. "Double materiality and the shift from non-financial to European sustainability reporting: review, outlook and implications". *Journal of Applied Accounting Research* 23(1): 8-28.
https://doi.org/10.1108/JAAR-04-2021-0114

Bianchi, C., F. Cosenz & M. Marinkovi. 2015. "Designing Dynamic Performance Management Systems to Foster SME Competitiveness According to a Sustainable Development Perspective: Empirical Evidences From A Case-Study". *International Journal of Business Performance Management* 16(1): 84-108.
https://doi.org/10.1504/IJBPM.2015.066042

Boboschko, I., C. Loebbecke & F. Oberschulte. 2021. "Mass Media Deploying Digital Personalization: An Empirical Investigation". *International Journal on Media Management* 23(3-4): 176-203. https://doi.org/10.1080/14241277.2022.2038605

Brüggemann, M., F. Esser & E. Humprecht. 2012. "The Strategic Repertoire of Publishers in The Media Crisis: The "Five C" Scheme in Germany". *Journalism Studies* 13(56): 742-752. https://doi.org/10.1080/1461670X.2012.664336

Brüggemann, M., E. Humprecht, R. Kleis Nielsen, K. Karppinen, A. Cornia & F. Esser. 2016. "Framing the Newspaper Crisis: How Debates on the State of the Press Are Shaped in Finland, France, Germany, Italy, United Kingdom and United States". *Journalism Studies* 17(5): 533-551. https://doi.org/10.1080/1461670X.2015.1006871

Buallay, A.M. 2022. "Sustainability Reporting Law and Regulations". *International Perspectives on Sustainability Reporting*: 53-60. Bingley: Emerald Publishing Limited. https://doi.org/10.1108/978-1-80117-856-320221004

Casero-Ripollés, A. & J. Izquierdo-Castillo. 2013. "Between decline and a new online business model: The case of the Spanish newspaper Industry". *Journal of Media Business Studies* 10(1): 63-78. https://doi.org/10.1080/16522354.2013.11073560

Castells-Fos, L., C. Pont-Sorribes & L. Codina. 2022. "La sostenibilidad de los medios a través de los conceptos de engagement y relevancia: scoping review". *Doxa Comunicación* 35: 19-38. https://doi.org/10.31921/doxacom.n35a1627

Cestino, J. & R. Matthews. 2016. "A perspective on path dependence processes: the role of knowledge integration in business model persistence dynamics in the provincial press in England". *Journal of Media Business Studies* 13(1): 22-44. https://doi.org/10.1080/16522354.2015.1133785

Chan-Olmsted, S. 2019. "A Review of Artificial Intelligence Adoptions in the Media Industry". *International Journal on Media Management* 21(3-4): 193-215. https://doi.org/10.1080/14241277.2019.1695619

Chan-Olmsted, S. 2005. *Competitive Strategy for Media Firms. Strategic and Brand Management in Changing Media Markets*. New York: Routledge. https://doi.org/10.4324/9781410617408

Chan-Olmsted, S. 2004. "In search of partnerships in a changing global media market: Trends and drivers of international strategic alliances". In *Strategic responses to media market changes*, edited by R. Picard, 47-65. Jönköping: JIBS Research Report Series No. 2004-2.

Chyi, H. I., & M. J. Yang. 2009. "Is online news an inferior good? Examining the economic nature of online news among users". *Journalism Mass Communication Quarterly* 86(3): 594-612. http://dx.doi.org/10.1177/107769900908600309

Chyi, H. I. & J. I. Tennant. 2017. "Transnational Media Management: Western News Organizations' Web Operations in China". *International Journal on Media Management* 19(4): 261-281. https://doi.org/10.1080/14241277.2017.1331237

Chyi, H. I., K. Kaufhold, M. N. Yee Man & N. Zheng. 2021. "Digital Sustainability: Assessing U.S. Newspapers' Online Readership with the Multidimensional Attention Model". *International Journal on Media Management* 23(3-4): 149-175. https://doi.org/10.1080/14241277.2022.2038606

Cook, C. & E. Sirkkunen. 2013. "What's in a niche? Exploring the business model of online journalism". *Journal of Media Business Studies* 10(4): 63-82. https://doi.org/10.1080/16522354.2013.11073576

Corredoira, L. & S. Sood. 2015. "Meeting new readers in the transition to digital newspapers: Lessons from the entertainment industry". *El Profesional de la Información* 24(2): 138-148. https://doi.org/10.3145/epi.2015.mar.07

Couldry, N., M. Madianou, & A. Pinchevski (Eds.). 2013. *Ethics of Media*. Palgrave Macillan. https://doi.org/10.1057/9781137317513

Curran, J. 2011. *Media and Democracy*. London: Routledge. https://doi.org/10.4324/9780203406878

Desai, M. & D. Hee Kim. 2021. "Are Social Media Worth It for News Media?: Explaining News Engagement on Tumblr and Digital Traffic of News Websites". *International Journal on Media Management* 23(1-2), 2-28. https://doi.org/10.1080/14241277.2021.1958820

Deuze, M. 2005. "What is journalism? Professional identity and ideology of journalists reconsidered". *Journalism* 6(4): 442–464. https://doi.org/10.1177/1464884905056815

Deuze, M. 2014. "Media Life and the Mediatization of the Lifeworld". In *Mediatized Worlds*, edited by A. Hepp & F. Krotz, 207-220. London: Palgrave Macmillan.
https://doi.org/10.1057/9781137300355_12

European Union. 2022. DIRECTIVE 2022/2464 of 14 December 2022, *Corporate Sustainability Reporting*.
https://eur-lex.europa.eu/legal-content/ES/TXT/PDF/?uri=CELEX:32022L2464

Evens, T. & K. Van Damme. 2016. "Consumers' Willingness to Share Personal Data: Implications for Newspapers' Business Models". *International Journal on Media Management* 18(1): 25-41.
https://doi.org/10.1080/14241277.2016.1166429

Ewart, J. & B. L. Massey. 2012. "Sustainability of Organizational Change in the Newsroom: A Case Study of Australian Newspapers". *International Journal on Media Management* 14(3): 207-225.
https://doi.org/10.1080/14241277.2012.657283

Gao, H., He, J. & Y. Li. 2022. "Media Spotlight, Corporate Sustainability and The Cost of Debt". *Applied Economics* 54(34): 3989-4005.
https://doi.org/10.1080/00036846.2021.2020710

Gershon, R. A. 2001. *Telecommunications management: Industry structures and planning strategies*. Mahwah, NJ: Lawrence Erlbaum Associates.

González-Tosat, C. & C. Sádaba-Chalezquer. 2021. "DNI's DNA: Where is Google's Money in European Media?" *Sustainability* 13(20): 11457.
https://doi.org/10.3390/su132011457

Günster, C., B. Lis & H-W. Nienstedt. 2018. "No public value without a valued public. An international comparison between Public Service Broadcasters in Germany and the United Kingdom. *International Journal on Media Management* 20(1): 25-50.
https://doi.org/10.1080/14241277.2017.1389730

Guo, M. 2022. "The Impacts of Service Quality, Perceived Value, and Social Influences on Video Streaming Service Subscription". *International Journal on Media Management* 24(2): 65-86.
https://doi.org/10.1080/14241277.2022.2089991

Gupta, G. & K. Singharia. 2021. "Consumption of OTT media streaming in COVID-19 lockdown: Insights from PLS analysis". *Vision* 25(1): 36-46.
https://doi.org/10.1177/0972262921989118

Hanna, R.C. & Z. Ji. 2020. "Gamers First. How Consumer Preferences Impact eSports Media Offerings". *International Journal on Media Management* 22(1): 13 - 29.
https://doi.org/10.1080/14241277.2020.1731514

Harlow, S. & M. Chadha. 2021. "Looking for Community in Community News: An Examination of Public-Spirited Content In Online Local News Sites". *Journalism* 22(3): 596-615.
https://doi.org/10.1177/1464884918805255

Herrero, M. 2009. "The economics of Audiovisual Products in the media market". *Communication & Society* 22(1): 7-32.
https://doi.org/10.15581/003.22.36275

Hodgson, S., C. Toennesen & F. Mimmack. 2013. *Does it matter? Material, Strategic or Operational? An analysis of sustainability issues in the media sector*. London: Media CSR Forum.

Hollifield, C. A. 2001. "Crossing borders: Media management research in a transnational market environment". *Journal of Media Economics* 14(3): 133-146.
https://doi.org/10.1207/S15327736ME1403_1

Ihejirika K., A. Goulding. & P. Calvert. 2021. "Rethinking Academic Library Use of Social Media for Marketing: Management Strategies for Sustainable User Engagement". *Journal of Library Administration* 61(1): 58-85.
https://doi.org/10.1080/01930826.2020.1845547

Jackson, W. T, D. J. Scott & N. Schwagler. 2015. "Using The Business Model Canvas As A Methods Approach To Teaching Entrepreneurial Finance". *Journal of Entrepreneurship Education* 18(2): 99-111.

Jones, M., J. Cindy & P. Schultz. 2017. "You Can't Do That! A Case Study of Rural and Urban Media Entrepreneur Experience". *International Journal on Media Management* 19(1): 11 - 28.
https://doi.org/10.1080/14241277.2016.1274994

Jääskeläinen, A. & S. Yanama. 2020. "How Do Media-Owned National News Agencies Survive In the digital age? Business Diversification in Austria Presse Agentur, Press Association And Tidningarnas Telegrambyrå". *Journalism* 21(12): 1877-1895.
https://doi.org/10.1177/1464884919883492

Klaß, N. 2023. "Technology builds the journalist star? An Experiment on the effects of Human Star Power and Content Exclusiveness on

reading, sharing and paying intentions for online news". *Journal of Media Business Studies* 20(1): 27-51.
https://doi.org/10.1080/16522354.2021.1989972

Kosterich, A. & M. Weber. 2018. "Starting up the News: The Impact of Venture Capital on the Digital News Media Ecosystem". *International Journal on Media Management* 20(4): 239-262.
https://doi.org/10.1080/14241277.2018.1563547

Krumsvik, A. 2012. "Why Old Media Will Be Funding Journalism in The Future". *Journalism Studies* 13(5-6): 729-741.
https://doi.org/10.1080/1461670X.2012.664331

Küng, L. 2007. "Does media management matter? Establishing the scope, rationale, and future research agenda for the discipline". *Journal of Media Business Studies* 4: 21-39.
https://doi.org/10.1080/16522354.2007.11073444

Latorre-Martínez, P., M. Marco-Fondevila & V. Orive-Serrano. 2021. "Preparedness to Cope with an Unexpected Crisis. Lessons Learnt by Spanish Regional TV Broadcasting Management". *International Journal on Media Management* 23(1-2): 58-90.
https://doi.org/10.1080/14241277.2021.1962323

Lee, A. 2015. "Social Media and Speed-Driven Journalism: Expectations and Practices". *International Journal on Media Management* 17(4): 217-239.
https://doi.org/10.1080/14241277.2015.1107566

Loriguillo-López, A. 2017. "Crowdfunding Japanese Commercial Animation: Collective Financing Experiences in Anime". *International Journal on Media Management* 19(2): 182-195.
https://doi.org/10.1080/14241277.2017.1298112

Loebbecke, C., F. Oberschulte & I. Boboschko. 2021. "Mass Media Deploying Digital Personalization: An Empirical Investigation". *International Journal on Media Management* 23(3-4): 176-203.
https://doi.org/10.1080/14241277.2022.2038605

Lopera-Mármol, M. & M. Jiménez-Morales. 2021. "Green Shooting: Media Sustainability. A New Trend". *Sustainability* 13(6): 3001.
https://doi.org/10.3390/su13063001

Lowe, G. F. & C. Brown (Eds.) 2016. *Managing Media Firms and Industries. What's So Special About Media Management?* Berlin: Springer.

Luoma-Aho, V., P. Poutanen & E. Suhanko. 2016. "Ethical Challenges of Hybrid Editors". *International Journal on Media Management* 18(2): 99-116.
https://doi.org/10.1080/14241277.2016.1157805

Malmelin, N. & J. Moisander. 2014. "Brands and Branding in Media Management—Toward a Research Agenda". *International Journal on Media Management* 16(1): 9-25.
https://doi.org/10.1080/14241277.2014.898149

Mamoria, U. & H. Taneja. 2012. "Measuring Media Use Across Platforms: Evolving Audience Information Systems". *International Journal on Media Management* 14(2): 121-140.
https://doi.org/10.1080/14241277.2011.648468

Marcos, J. C., C. Edo & D. Parra. 2018. "Remaining challenges for digital newspapers regarding informative updates: case studies in the Spanish media". *Communication Society* 31(2): 51-70.
http://dx.doi.org/10.15581/003.31.35712

Marta-Lazo, C., A. Segura-Anaya & N. Martinez-Oliván. 2017. "Variables determinantes en la disposición al pago por contenidos informativos en Internet: perspectiva de los profesionales". *Revista Latina de Comunicación Social* 72: 165-185.
https://nuevaepoca.revistalatinacs.org/index.php/revista/article/view/724

Maryani, E., D. Rahmawan & S. Karlinah. 2020. "The Implications of Social Media on Local Media Business: Case Studies In Palembang, Manado and Bandung". *Journal Komunikasi: Malaysian Journal of Communication* 36(1): 317-333.
https://doi.org/10.17576/JKMJC-2020-3601-18

McChesney, R. W. 2008. *The political economy of media: Enduring issues, emerging dilemmas.* NYU Press.

Medina, M., A. Sánchez-Tabernero & J. Breiner. 2021. "Some Viable Models for Digital Public-Interest Journalism". *El Profesional de la Información* 30(1): 99-107.
https://doi.org/10.3145/epi.2021.ene.18

Mehta, H. (EBU) 2021. "Sustainability in the Media Industry: 10 Ways Public Broadcasters Are Reducing Their Environmental Impact".
https://www.ebu.ch/news/2021/10/sustainability-in-the-media-industry-10-ways-public-broadcasters-are-reducing-their-environmental-impact

Mierzejewska, B. 2011. "Media management in theory and practice". In *Managing Media Work*, edited by M. Deuze, 13-30. Thousand Oaks: SAGE.

Mierzejewska, B. & D. Shaver. 2014. "Key Changes Impacting Media Management Research". *International Journal on Media Management* 16(2): 47-54.
https://doi.org/10.1080/14241277.2014.954439

Nair, J., A. Chellasamy & B. N. B. Singh. 2019. "Readiness Factors for Information Technology Adoption in SMEs: Testing an Exploratory Model in an Indian Context". *Journal of Asia Business Studies* 13(4): 694-718.
https://doi.org/10.1108/JABS-09-2018-0254

Naldi, L. & R. Picard. 2012. "Let's Start an Online News Site: Opportunities, Resources, Strategy, and Formational Myopia in Start-ups". *Journal of Media Business Studies* 9(4): 69-97.
https://doi.org/10.1080/16522354.2012.11073556

Oliver, J. 2016. "High Velocity Markets Drive Adaptive Capabilities". *Strategic Direction* 32(1): 5-7.
https://doi.org/10.1108/SD-07-2015-0111

Olsen, R. K. & M. K. Solvoll. 2018. "Bouncing off the Paywall - Understanding Misalignments Between Local Newspaper Value Propositions and Audience Responses". *International Journal on Media Management* 20(3): 174-192.
https://doi.org/10.1080/14241277.2018.1529672

Osterwalder, A., Y. Pigneur & C. L. Tucci. 2005. "Clarifying business models: Origins, present, and future of the concept". *Communications of the Association for Information Systems* 16(1).
https://doi.org/10.17705/1CAIS.01601

Palau-Sampaio, D. 2021. "Sponsored content in Spanish media: strategies, transparency, and ethical concerns". *Digital Journalism* 9(7): 908-928.
https://doi.org/10.1080/21670811.2021.1966314

Papadimitriou, L. 2017. "Transitions in the Periphery: Funding Film Production in Greece Since the Financial Crisis". *International Journal on Media Management* 19(2): 164-181.
https://doi.org/10.1080/14241277.2017.1298111

Perego, J. & S. Yuksel. 2022. "Media competition and social disagreement". *Econometrica* 90(1): 223-265.
https://doi.org/10.3982/ECTA16417

Perez-Latre, F. J. 2007. "The paradigm shift in advertising and its meaning for advertising-supported media". *Journal of Media Business Studies* 4(1): 41-49.
https://doi.org/10.1080/16522354.2007.11073445

Picard, R. G. 2003. "The Study of Media Economics". In *Empresa Informativa y Mercados de la Comunicación*, edited by A. Arrese, 75-85. Pamplona: EUNSA.

Picard, R. G. 2004. "Environmental and market changes driving strategic planning in media firms". In *Strategic responses to media market changes,* edited by R. Picard, 1-17. Jönköping: JIBS Research Report Series No. 2004-2.

Picard, R. G. 2011. *The economics and financing of media companies.* Fordham University Press.

Picard, R. G. & G. F. Lowe. 2016. "Questioning media management scholarship: four parables about how to better develop the field". *Journal of Media Business Studies* 13(2): 61-72.
https://doi.org./10.1080/16522354.2016.1176781

Porter, M. 2004. *Competitive advantage: creating and sustaining superior performance.* New York: Free Press.

Potter, A. 2017. "Funding Contemporary Children's Television: How Digital Convergence Encourages Retro Reboots". *International Journal on Media Management* 19(2): 108-122.
https://doi.org/10.1080/14241277.2017.1298108

Powers, A. & J. Zhao. 2019. "Staying alive: Entrepreneurship in Family-Owned Media Across Generations". *Baltic Journal of Management* 14(4): 641-657. https://doi.org/10.1108/BJM-01-2018-0033

Primorac, J. 2020. "Film Globally, Work Locally: Factors Influencing the Effectiveness of the Production Incentive Programme in the Croatian Audio-Visual Industry". *Cultural Trends* 29(4): 287-301.
https://doi.org/10.1080/09548963.2020.1823820

Püchel, L. & C. L. Wellbrock. 2022. "Judging A Magazine by Its Cover - A Conceptual Framework to Understand Sales Through Content and Design Interaction". *International Journal on Media Management* 24(2): 87-116.
https://doi.org/10.1080/14241277.2022.2089990

Roses, S. & M. L. Humanes-Humanes. 2019. "Conflicts in the professional roles of journalists in Spain: Ideals and practice". *Comunicar* 58(27): 65-74.
https://doi.org/10.3916/C58-2019-06

Sakr, N. 2016. "Survival or sustainability? Contributions of innovatively managed news ventures to the future of Egyptian journalism". *Journal of Media Business Studies* 13(1): 45-59.
https://doi.org/10.1080/16522354.2015.1125608

Scholz, T. M. 2020. "Deciphering the World of eSports". *International Journal on Media Management* 22(1): 1-12.
https://doi.org/10.1080/14241277.2020.1757808

Setyaningrum, W. & J. Peranginangin. 2018. "Convergent Strategy Towards Competitive and Sustainability Competitive Advantages in Online Media Competition International". *Journal of Civil Engineering and Technology* 9(1): 499-507.

Shah, A. 2024. "Media and artificial intelligence: current perceptions and future outlook". *Academy of Marketing Studies Journal* 28(2): 1-13.

Steemers, J. 2017. "Public service broadcasting, children's television, and market failure: The case of the United Kingdom". *International Journal on Media Management* 19(4): 298 - 314.
https://doi.org/10.1080/14241277.2017.1402182

Steensen, S., R. Ferrer-Conill. & C. Peters. 2020. "(Against a) Theory of Audience Engagement with News". *Journalism Studies* 21(12): 1662-1680.
https://doi.org/10.1080/1461670X.2020.1788414

Telkmann, V. 2021. "Online First? Multi-Channel Programming Strategies of German Commercial Free-to-air Broadcasting Companies". *International Journal on Media Management* 23(1-2): 117-146.
https://doi.org/10.1080/14241277.2021.1963969

Tranfield, D., D. Denyer & P. Smart. 2003. "Towards a Methodology for Developing Evidence-Informed Management Knowledge by Means of Systematic Review". *British Journal of Management* 14: 207-222.
https://doi.org/10.1111/1467-8551.00375

Vara, A, C. Sánchez-Blanco, C. Sádaba & S. Negredo. 2021. "Funding Sustainable Online News: Sources of Revenue in Digital-Native and Traditional Media in Spain". *Sustainability* 13(20): 11328.
https://doi.org/10.3390/su132011328

Wells, P. E. 2013. *Business models for sustainability*. Edward Elgar Publishing.

Wikstr, P. & H-K. Ellonen. 2012. "The Impact of Social Media Features on Print Media Firms' Online Business Models". *Journal of Media Business Studies* 9(3): 63-80.
https://doi.org/10.1080/16522354.2012.11073552

Zabel, C. & V. Telkmann. 2021. "The Adoption of Emerging Technology-Driven Media Innovations. A Comparative Study of the Introduction of Virtual and Augmented Reality in the Media and Manufacturing Industries". *Journal of Media Business Studies* 18(4): 235-266.
https://doi.org/10.1080/16522354.2020.1839172

Zboralska, E. 2017. "No More Status Quo! Canadian Web-Series Creators' Entrepreneurial Motives Through a Contextualized "Entrepreneuring As Emancipation" Framework". *International Journal on Media Management* 19(1): 29-53.
https://doi.org/10.1080/14241277.2016.1270947

13.
Sostenibilidad, teología y sentido

Pablo Marti del Moral

Facultad de Teología, Universidad de Navarra

1. Introducción: persona y mundo relacionados

La Iglesia es muy consciente de que las relaciones entre la persona, la sociedad y el planeta son radicales. Además, la teología subraya que esas relaciones se pueden comprender en toda su profundidad teniendo en cuenta la referencia a Dios. Así lo muestran las encíclicas sociales del papa Francisco: *Laudato si'* (2015) y *Fratelli tutti* (2020), donde propone un modelo de vida basado en la sencillez y la alegría, y movido por el amor fraterno, inspirado en san Francisco de Asís. Precisamente "porque se sentía hermano del sol, del mar y del viento, se sabía todavía más unido a los que eran de su propia carne" (Francisco 2020).

Por ello, la colaboración de la Santa Sede en la elaboración del proyecto de la ONU sobre la transformación del mundo y la sintonía con gran parte de las preocupaciones que lo motivan ha sido permanente (Auza 2023). El papa Francisco, en su discurso ante la Asamblea General, el mismo día de la adopción del documento *Transformar nuestro mundo: la Agenda 2030 para el Desarrollo Sostenible*, describió la Agenda 2030 como "una importante señal de esperanza". Una esperanza que se realizará si la Agenda se implementa de manera verdadera, justa y efectiva. Es decir, siendo fiel a uno de sus principios fundamentales: el hombre es el principal responsable, el actor protagonista del desarrollo. Como el Santo Padre subrayó en su discurso: "El desarrollo humano integral y el pleno ejercicio de la dignidad humana no pueden ser impuestos. Deben ser edificados y desplegados por cada uno, por cada familia, en comunión con los demás" (Francisco 2015).

2. Para un desarrollo integral

El origen intelectual del término sostenibilidad, como principio que busca cubrir las necesidades de las generaciones actuales sin que se vean comprometidas las del futuro, garantiza el equilibrio necesario para un desarrollo sostenible sobre tres pilares: la protección del medioambiente, el desarrollo y bienestar social y el crecimiento económico de las naciones. Algunos darán la primacía al medioambiente, otros a lo social o a lo económico. Pues bien, la aportación a estos planteamientos desde la teología cristiana es integradora: unir medioambiente, sociedad y economía desde la primacía de la persona. Precisamente ahí ponía el foco Pablo VI cuando hablaba de la necesidad de un desarrollo integral: "El desarrollo no se reduce al simple crecimiento económico. Para ser auténtico, debe ser integral, es decir, promover a todos los hombres y a todo el hombre" (Pablo VI 1967).

La concepción y la relevancia del mundo ha experimentado un cambio radical en la modernidad; y, con ella, las relaciones entre el mundo y el cristianismo. Quizá sea Guardini quien mejor haya caracterizado el paso de la visión del mundo de la Edad Media a la Edad Moderna, con su concepción de la naturaleza (mundo), del hombre (sujeto) y de la acción del hombre en el mundo (cultura) (Guardini 2000). El ocaso de la imagen moderna del mundo de nuestra época hace necesaria una nueva propuesta cristiana del tema (Guardini 1981), tanto desde la teología como desde la espiritualidad.

La dirección de esta propuesta va en la línea de lo que afirma Fabrice Hadjadj: "Tal vez no hayamos perdido el espíritu, sino la materia. Es probable que la pérdida de sentido que encontramos hoy no sea una pérdida del sentido del espíritu, sino una pérdida del sentido de la materia" (Hadjadj 2020). Efectivamente, la integración propia del pensamiento cristiano permite rechazar la identificación del *"espíritu* con concepto y abstracción, siendo así que el espíritu es una realidad concreta y fortísima y la auténtica determinación de lo espiritual es algo totalmente distinto de lo conceptual, de lo abstracto" (Guardini 1996).

3. Lo propio cristiano: Jesús y lo concreto del espíritu en la materia

La espiritualidad cristiana no es una espiritualidad sin mundo, sino una espiritualidad histórica, encarnada (Fernández 2005). Implica radicalmente intimidad con Dios, pero la comunión con Dios implica compromiso con el mundo. Jesucristo, perfecto Dios y perfecto hombre, ha asumido todo lo humano para reconciliar todas las cosas con Dios (Colosenses 1, 20), para recapitular el universo entero (Efesios 1, 10).

Así lo anunciaba ya el profeta atribuyendo al mesías descendiente de David la reconciliación del universo: "El lobo convivirá con el cordero, el leopardo se tumbará con el cabrito, ternero y león joven engordarán juntos, y un niño pequeño los guiará. La vaca pacerá con la osa, sus crías se recostarán juntas, y el león, como el buey, comerá paja. El niño de pecho jugará junto al agujero del áspid y el destetado meterá su mano en la madriguera de la víbora. Nadie hará mal ni causará daño en todo mi monte santo" (Isaías, 11, 6-9).

El mensaje de Jesucristo, que es su propia vida, pone en el centro a cada hombre sin importar sus cualidades de raza, nación, edad, condición, sexo, etc., y a todo el hombre, en comunión con el mundo creado. El mismo Jesús se muestra como el buen pastor que cuida de su rebaño, incluso de la oveja enferma (Juan 10); el viñador de la vid que la riega y la poda para que dé buen fruto (Juan 15); el sembrador generoso que distribuye su grano por la tierra (Mt 13); el pescador que con sus redes consigue el alimento necesario (Lc 5). Es más, Jesús se presenta como el agua que surge de una fuente oculta y remedia la sed del mundo (Jn 4); la luz que ilumina todos los caminos de la tierra (Jn 8); en definitiva, la vida que lleva a la eternidad (Jn 6).

Esta centralidad de Cristo, tanto respecto al hombre y su vocación, como respecto al mundo, explica la visión cristiana de la salvación en la historia. La dimensión cósmica del mundo, tanto en el espacio como en el tiempo, pasa a tener una dimensión personal: Jesucristo es el verdadero centro del universo y del tiempo (Benedicto XVI 2015).

Teniendo en cuenta esta primacía del principio personal sobre el principio cosmológico, el discurso sobre la sostenibilidad permite un acercamiento común a muchos temas cruciales del debate actual. En primer lugar, la relación profunda que existe entre la persona y el planeta. En esta relación queda patente también la importancia del tiempo y de la historia y, por tanto, que no todo es inmediato y sin consecuencias. La relevancia de las acciones personales para los demás ciudadanos y para la Tierra, no solo para las generaciones presentes sino especialmente para las futuras, pone de manifiesto que la libertad lleva en sí misma la noción de responsabilidad. Y, por tanto, la idea clara de un bien común que hay que respetar y cuidar, a partir de sacrificios personales.

Pienso que todos estos son temas fundamentales para el crecimiento de las personas y de la sociedad en que vivimos, con repercusión en la familia, la formación de los jóvenes, las empresas, la política, etc. Efectivamente, esta perspectiva de la sostenibilidad requiere la discusión sobre los estilos de vida, a partir de la espiritualidad humana. "La espiritualidad no está desconectada del propio cuerpo ni de la naturaleza o de las realidades de este mundo, sino que se vive con ellas y en ellas, en comunión con todo lo que nos rodea" (Francisco 2015).

4. Un compromiso de conversión personal, que respeta la diversidad

E incluso pide la necesidad de un cambio, de una conversión, de una transformación personal que repercuta sobre el planeta. "La crisis ecológica es un llamado a una profunda conversión interior. (...) hace falta entonces una conversión ecológica, que implica dejar brotar todas las consecuencias de su encuentro con Jesucristo en las relaciones con el mundo que los rodea. Vivir la vocación de ser protectores de la obra de Dios es parte esencial de una existencia virtuosa, no consiste en algo opcional ni en un aspecto secundario de la experiencia cristiana" (Francisco 2015).

La sostenibilidad, al subrayar la estabilidad en el tiempo, la importancia de lo que cada uno haga, la necesidad de un compromiso personal, en el fondo está hablando de la necesidad de coherencia de vida, un concepto fundamental de la aportación cristiana. El enfoque integral nos enseña que no basta simplemente con señalar unos objetivos, acompañados de grandes declaraciones de intenciones. Los objetivos económicos y políticos deben estar respaldados por objetivos éticos, que presupongan un cambio de actitud; la Biblia diría un cambio de corazón. Para una transición correcta hacia un futuro sostenible, es necesario reconocer "los propios errores, pecados, vicios o negligencias", "arrepentirse de corazón, cambiar desde adentro", reconciliarse con los demás, con la creación y con el Creador (Francisco 2015).

Este aspecto se echa en falta en muchos de los postulados de la propia doctrina de la sostenibilidad y de las acciones concretas de gobiernos, empresas y personas. Porque a la hora de la verdad prima la declaración o apariencia, y no la realidad o verdad. Sin embargo, la referencia directa de la sostenibilidad a la materia, hace que la apariencia o lo subjetivo quede en un segundo plano. En este sentido, Auza retoma una serie de advertencias del papa Francisco en su discurso ante la ONU. Se nota en algunas partes de la Agenda 2030: un "excesivo idealismo" que da la impresión de ser una utopía, eso es, que se fijan objetivos y metas claramente irrealizables; el peligro de un "nominalismo declaracionista"; el planteamiento de que "una única solución teórica y apriorística dará respuesta a todos los desafíos", o soluciones preconfeccionadas, impuestas o forzadas, sin escuchar a los directamente afectados. En el fondo de estas advertencias, reside la idea de que, sin el reconocimiento de unos límites éticos naturales insalvables, se corre el riesgo de promover una colonización ideológica a través de la imposición de modelos y estilos de vida anómalos, extraños a la identidad de los pueblos y, en último término, irresponsables (Auza 2023).

5. La antropología cristiana y algunas ideologías unidas al desarrollo sostenible

La integración de las relaciones entre el planeta, la sociedad y la economía en la persona permite evitar tanto la discriminación de algunos colectivos marginados, como el reduccionismo del ser humano a la materia sin espíritu, a lo individual sin la comunión, a la técnica sin el misterio trascendente.

Pero además el espíritu cristiano, que comprende el tiempo como verdadera historia forjada por la libertad de cada persona, permite fundamentar la esperanza frente a la utopía. Es posible un mundo mejor porque es posible una persona mejor.

La comprensión de la persona y su crecimiento implica una antropología fundada en unos conceptos fundamentales sobre el hombre, su naturaleza y su dignidad; sobre la sexualidad, sobre el derecho a la vida y la institución de la familia; sobre el concepto del desarrollo internacional, y también sobre la importancia de los fundamentos de derecho internacional.

En este sentido, el pensamiento cristiano defiende una serie de perspectivas antropológicas que forman parte de su rica tradición y quieren contribuir a este debate sobre la transformación del mundo contemporáneo:

- La centralidad de la persona como principal responsable del desarrollo, implica una creciente conciencia de la dimensión trascendente de la existencia humana, así como del respeto por el cuerpo humano en su feminidad o masculinidad. La unidad de cuerpo y alma conduce al reconocimiento de la sexualidad como dimensión importante de la identidad humana (Auza 2016).

- Cualquier referencia a "género", se entiende de acuerdo con el uso común y generalmente aceptado de la palabra "género" basado en el criterio biológico, de la identidad masculina y femenina en orden a la vida (Auza 2016; Auza 2023).

- El uso del término "promoción", en lugar de "empoderamiento", busca evitar una visión desordenada de la autoridad como poder en lugar de servicio, y expresa la esperanza de que las mujeres y las niñas, en particular, cuestionen esta perspectiva errónea de la autoridad con miras a humanizar las situaciones en las que viven (Auza 2016; Auza 2023).

- Como el derecho a la salud es un corolario del derecho a la vida, nunca se puede utilizar como una forma de terminar con la vida de una persona, que es tal desde la concepción hasta la muerte natural (Auza 2016; Auza 2023).

- El término «procreación» se prefiere a reproducción porque refleja la dimensión trascendente de la sexualidad humana, como participación de la pareja –hombre y mujer– en la obra de creación de Dios (Auza 2016; Auza 2023).

- La persona humana como ser social significa que la familia, unidad natural y fundamental de la sociedad, basada en el matrimonio entre un hombre y una mujer, debe ser reconocida y protegida especialmente (Auza 2016).

6. El respeto a la dignidad del individuo y a la verdad de la naturaleza

La sostenibilidad hace referencia muy directa al principio cósmico y a la causa material. Ahí está su aportación, y también su limitación. Su aporte porque en el mundo digital y en el mundo relativista que vivimos la valoración de la realidad es punto de partida y de apoyo fundamental. Subrayar lo real, no simplemente lo aparente, ayuda a la comprensión de uno mismo y de los demás. Especialmente, en lo que se refiere a las relaciones con el mundo creado. Descubrir el sentido profundo de la materia y de la vida: la sexualidad, la familia, las comunidades, los pueblos, el planeta, etc., es un camino imprescindible para la humanización del propio sujeto y de la sociedad.

En cuanto a la limitación, acentuaría el peligro de centrarse en el cosmos sin la persona, la materia sin su espíritu, la causa material sin la causa final. Es decir, la sostenibilidad debe comprenderse junto a la finalidad. Quedarse simplemente en la materia, en el bienestar material de personas y sociedades, o en el bienestar del planeta, sin referencia a ningún fin o finalidad es reductivo. Y, de hecho, daría paso fácilmente a imposiciones ideológicas y utilitaristas poco respetuosas de la verdad de los sujetos concretos y del cuidado del mundo.

Referencias

Auza, B. 2016. "Nota de la Santa Sede en el Primer Aniversario de la adopción de los Objetivos de Desarrollo Sostenible". Nueva York, 25 de septiembre.

Auza, B. 2023. "La Santa Sede y la Agenda 2030. *Lectio Magistralis* pronunciada en la Universitat Abat Oliba CEU". Barcelona, 27 de enero.

Benedicto XVI. 2015. *Jesús de Nazaret*. Obras Completas VI/1. Madrid: BAC.

Fernández, V. M. 2005. *Teología espiritual encarnada*. Buenos Aires: San Pablo.

Francisco (papa). 2015. Carta Encíclica *Laudato si' sobre el cuidado de la casa común*. Roma: Editrice Vaticana.

Francisco (papa). 2015. "Discurso ante la Asamblea General de las Naciones Unidas". Nueva York, 25 de septiembre.

Francisco (papa). 2020. Encíclica *Fratelli tutti*. Roma, 3 de octubre.

Guardini, R. 1981. *El ocaso de la Edad Moderna*, vol. 1. Madrid: Ed. Cristiandad.

Guardini, R. 1996. *El contraste*. Madrid: BAC.

Guardini, R. 2000. *Mundo y persona. Ensayos para una teoría cristiana del hombre*. Madrid: Encuentro.

Hadjadj, F. 2020. *Por qué dar la vida a un mortal y otras lecciones*. Madrid: Rialp.

Pablo VI. 1967. Encíclica *Populorum Progressio*. Roma, 26 de marzo.

14

Sostenibilidad y Doctrina Social de la Iglesia

Juan Tejero
Facultad de Teología, Universidad de Navarra

El tema de la sostenibilidad se hace presente en el momento actual en muchos discursos de todo tipo. Quizá precisamente por estar tan en boga en distintos ámbitos, los expertos no acaban de ponerse de acuerdo sobre qué significa exactamente o cuáles son sus implicaciones más directas. Se habla, por ejemplo, de sostenibilidad ambiental, sostenibilidad empresarial o sostenibilidad humana para referirse a un espectro de realidades tan amplio que resulta difícilmente abarcable. Ante esta concepción de la sostenibilidad que parece permearlo todo, la reflexión desde el ámbito religioso no solo se plantea como una posibilidad, sino como algo especialmente oportuno. En efecto, la pregunta sobre la relación entre sostenibilidad y vida cristiana resulta ineludible si no se quiere relegar a Dios al ámbito de lo privado o excluir la presencia de la fe en la plaza pública.

Para hacer una primera aproximación a esta cuestión vienen al caso varias conferencias pronunciadas por Bernardito Auza, Nuncio Apostólico en España, en el año 2023 (Auza 2023a; 2023b; 2023c). Se trata de una opinión de particular relevancia, pues era el Observador Permanente de la Santa Sede ante la Asamblea General de las Naciones Unidas en el momento en que se debatió la

Agenda 2030, una de las iniciativas más conocidas y extendidas para la promoción de la sostenibilidad en todo el mundo. Participó en el Grupo de Trabajo Abierto de la Asamblea General sobre los Objetivos de Desarrollo Sostenible (ODS) y en otros foros aportando la visión que tiene la Santa Sede desde el punto de vista moral y espiritual sobre los temas que se debatieron.

B. Auza subraya en esas intervenciones que el interés de la Iglesia en los temas presentados por la Agenda 2030 no es algo nuevo, pues la preocupación que tiene por muchas cuestiones relacionadas con la sostenibilidad nace genuinamente del evangelio. Numerosos cristianos a lo largo de la historia han trabajado de hecho para intentar paliar muchos de los problemas humanos a los que se enfrenta también el desarrollo sostenible. Es lógico señalar en muchos puntos la confluencia de los objetivos que plantea la Agenda con la Doctrina Social de la Iglesia (DSI). Al mismo tiempo, B. Auza señala las discrepancias que existen. Unas tienen que ver con alguno de los objetivos concretos; otras, quizá las más relevantes, con concepciones antropológicas subyacentes a los mismos y de las cuales no se pueden separar. Este no es un punto banal ya que, dependiendo de la idea que se tenga sobre la persona humana, se buscará construir un tipo de sociedad u otra. Por eso, aunque se puedan compartir algunos objetivos es preciso comprender las diferencias de fondo que pueda haber en sus fundamentos. En efecto, para que la reflexión cristiana sobre la sostenibilidad sea cabal, no puede renunciar a iluminar con la luz del evangelio la comprensión de fondo sobre el ser humano y su dimensión social.

Un buen resumen de la postura de la Santa Sede se puede encontrar tanto en el discurso que pronunció el papa Francisco en la 70ª Sesión de la Asamblea General (Francisco 2015b) como en una nota escrita por el propio B. Auza con motivo del primer aniversario de la aprobación de la Agenda 2030 (Auza 2016). En estos dos textos se ven de fondo los principios de la DSI en relación con las cuestiones planteadas, que aquí tan solo resumimos de forma sucinta:

En primer lugar, se subraya la centralidad del ser humano como principal agente de su desarrollo, que debe ser coherente con una dignidad de la persona inherente e inalienable y abierta a la dimensión trascendente de la misma.

También se plantea el peligro de la imposición de unos planes teóricos o apriorísticos concebidos por una burocracia con buenos propósitos, pero que no tengan en cuenta la participación de cada persona u organización social en su propio desarrollo, faltando así al principio de subsidiariedad.

Se subraya la importancia que tiene la familia basada en el matrimonio de un hombre y una mujer, con los derechos y deberes que tienen los padres respecto a sus hijos, y la necesidad de evitar una intromisión en ella de otras realidades que le son ajenas.

Cuando se hace referencia a erradicar la pobreza en todas sus formas, la Santa Sede pone de relieve también la espiritual, señalando la importancia de la vida religiosa tanto para la persona como para la sociedad.

Junto a estos principios más generales, se alude también a cuestiones más específicas. Por ejemplo, se llama la atención sobre el uso y significado de algunas expresiones concretas, como el empleo del término "género" en vez de "sexo"; el término "empoderamiento" al referirse a la mujer en lugar de "promoción"; o el eufemismo "salud reproductiva" que en muchas ocasiones se refiere al aborto, la gestación subrogada o la esterilización. Estas objeciones no apuntan a una mera preferencia de unos términos sobre otros, sino al oscurecimiento de auténticos valores humanos mediante el uso de un lenguaje cargado de intencionalidad ideológica.

Además, la propuesta de B. Auza del uso de la expresión "desarrollo humano integral", que también incluye el desarrollo sostenible, busca ofrecer una perspectiva más amplia y acorde con la idea cristiana del ser humano. Se trata de ofrecer vías de entender la sostenibilidad a partir de la DSI, que interpreta el desarrollo sostenible como "la limitación de los recursos disponibles, la necesidad de respetar la integridad y los ritmos de la naturaleza, [así como] la naturaleza de cada ser y su mutua conexión en un sistema ordenado, que es precisamente el cosmos" (Juan Pablo II 1987).

El punto fundamental de referencia de la DSI para afrontar la preocupación por la sostenibilidad se halla en la revelación. En la convicción de que, como se dice en el libro del Génesis, Dios creó al hombre y "lo colocó en el jardín de Edén, para que lo guardara y lo cultivara" (Gn 2, 15). En efecto, Dios entrega la creación al ser humano para que la cuide y al mismo tiempo le sirva de sustento (Gn 1, 29). A partir de esos textos de los orígenes, iluminados a su vez por el reordenamiento hacia Dios de todas las realidades humanas en Cristo, se ha desarrollado en la historia de la Iglesia y, más recientemente, en la DSI una reflexión sobre cómo la creación es un don de Dios a la humanidad y ésta tiene la responsabilidad de cuidarla. Juan Pablo II (1997) hace referencia a que el cuidado del medio ambiente tiene mucho que ver con la solidaridad, no solo con los más pobres, sino también con las generaciones futuras, refiriéndose así (aunque no de forma expresa) al concepto de sostenibilidad. El papa Francisco sí adopta el término "sostenibilidad" en la encíclica *Laudato si'* (2015a) abogando por un desarrollo sostenible e integral (n. 13) y vinculándola con el bien común (n. 159).

Para una exposición más detallada de los principios de la DSI señalados (dignidad de la persona, bien común, subsidiariedad y solidaridad) se puede acudir al *Compendio de la doctrina social de la Iglesia* (Pontificio Consejo Justicia y Paz 2005). La estructura de éste permite ver que el empeño por la transformación de las realidades terrenas a partir de estos principios tiene mucho que ver con las virtudes teologales. Parte de la fe en un Dios que es comunión de amor (caridad) y que se revela al hombre. Al mismo tiempo muestra que la esperanza de la vida eterna no es una huida del cristiano de este mundo, sino que le compromete a su mejora, sabiendo que nunca va a poder existir un paraíso en esta tierra y que "el desarrollo nunca estará plenamente garantizado por fuerzas que en gran medida son automáticas e impersonales, ya provengan de las leyes de mercado o de políticas de carácter internacional" (Benedicto XVI 2009). Así se pone de relieve que la DSI no son solo una serie de cuestiones relativas a las realidades sociales, aisladas del resto de la vida cristiana, sino que están profundamente vinculadas con la fe misma en su totalidad. De esta manera la invitación a vivir la DSI es una manifestación del actuar del hombre que busca transformar el mundo según el designio de Dios.

En el fondo, al relacionar los principios de la DSI, que han de configurar el modo en que el cristiano promueve la sostenibilidad en medio del mundo y de la sociedad, con la revelación divina se apunta a la unidad de vida del cristiano. Aunque se diferencien los ámbitos y se distingan los planos, el cultivo de una profunda vida espiritual tiene que ir acompañado de una preocupación por la transformación de las realidades terrenas para que sean cada vez más acordes con la dignidad de la persona. Esta tarea, que compete de forma especial a los fieles laicos a través de su trabajo, es colaboración con la obra creadora y redentora de Dios, quedando así enmarcada por una positiva teología del mundo y por la llamada universal a la santidad.

En resumen, reconociendo los aspectos positivos que se hallan en la búsqueda de la sostenibilidad por parte de las sociedades contemporáneas, los ODS constituyen sobre todo un acicate y una oportunidad para llevar a cabo una necesaria profundización en la visión cristiana del hombre y en el auténtico sentido del desarrollo humano integral. De este modo, los cristianos actuando como el "alma" del mundo (*Carta a Diogneto*) serán capaces de promover en la sociedad una vida humana compatible con la concepción transcendente de la persona y su dignidad tal como las presenta la DSI.

Para cada cristiano resultará imprescindible conocer la DSI para poder discernir cuáles son las actuaciones que puede realizar en orden a conseguir ese desarrollo humano integral y sostenible, recorriendo de esa manera el camino de su propia santidad como tantos han hecho antes y pone de manifiesto Vogt en su libro *Santidad y justicia social* (2018).

Referencias

Auza, B. 2016. "Carta de fecha 25 de septiembre de 2016 dirigida al Secretario General por el Observador Permanente de la Santa Sede ante las Naciones Unidas", 25 de septiembre.
https://digitallibrary.un.org/record/845364/files/A_71_430-ES.pdf?ln=es

Auza, B. 2023a. *Ecología integral*.
https://www.ufv.es/monsenor-bernardito-auza-inaugura-el-vi-congreso-razon-abierta-con-una-conferencia-sobre-ecologia-integral-noticias-de-actualidad-ufv/

Auza, B. 2023b. *Acto institucional de celebración de la festividad de la conversión de San Pablo*. Universidad Abat Oliva CEU.
https://www.youtube.com/watch?v=f0EhpfWUYRY

Auza, B. 2023c. *La Santa Sede y la Agenda 2030: Lectio magistralis*. Madrid: CEU Ediciones.
http://hdl.handle.net/10637/14183

Benedicto XVI. 2009. Carta encíclica *Caritas in veritate*. Ciudad del Vaticano: Libreria Editrice Vaticana.

Francisco (papa). 2015a. Carta encíclica *Laudato si'*. Ciudad del Vaticano: Libreria Editrice Vaticana.

Francisco (papa). 2015b. "Discurso en el encuentro con los miembros de la Asamblea General de la Organización de las Naciones Unidas".
https://www.vatican.va/content/francesco/es/speeches/2015/september/documents/papa-francesco_20150925_onu-visita.html

Juan Pablo II. 1987. Carta encíclica *Sollicitudo rei sociales*. Ciudad del Vaticano: Libreria Editrice Vaticana.

Juan Pablo II. 1997. "Discurso a los promotores y participantes en un congreso internacional sobre Ambiente y salud".
https://www.vatican.va/content/john-paul-ii/es/speeches/1997/march/documents/hf_jp-ii_spe_19970324_ambiente-salute.html

Pontificio Consejo Justicia y Paz. 2005. *Compendio de la doctrina social de la Iglesia*. Madrid: Biblioteca de Autores Cristianos.
https://www.vatican.va/roman_curia/pontifical_councils/justpeace/documents/rc_pc_justpeace_doc_20060526_compendio-dott-soc_sp.html

Vogt, B. 2018. *Santidad y justicia social*. Madrid: Biblioteca de Autores Cristianos.

Biografías breves autores y editores

Autores

Alberto Andreu Pinillos:

Profesor asociado de la Facultad de Económicas de la Universidad de Navarra, Director ejecutivo del Máster de Sostenibilidad de la Universidad de Navarra y profesor invitado de IESE.

Eduardo Ayesa:

Investigador principal y presidente ejecutivo del centro tecnológico Ceit, y profesor colaborador en Tecnun, Escuela de Ingeniería de la Universidad de Navarra.

Enrique Baquero:

Profesor Titular, director del Departamento de Biología Ambiental en la Facultad de Ciencias de la Universidad de Navarra. Investiga en el Grupo "Biodiversity Data Analytics and Environmental Quality".

Isabel García Tejerina:

Profesora del Máster de Sostenibilidad de la Universidad de Navarra. Consejera de Iberdrola. Ex Ministra de Agricultura y Pesca, Alimentación y Medio Ambiente de España.

Paloma Grau:

Vicerrectora de Investigación y Sostenibilidad de la Universidad de Navarra. Catedrática del Departamento de Ingeniería Biomédica y Ciencias de Tecnun, Escuela de Ingeniería de la Universidad de Navarra. Investigadora colaboradora del centro tecnológico Ceit.

María Iraburu:

Catedrática de Bioquímica y Biología Molecular y Rectora de la Universidad de Navarra desde 2022.

Carmen Jaca:

Catedrática de Tecnun, Escuela de Ingeniería de la Universidad de Navarra e investigadora en el instituto Bioma. Forma parte del Grupo de investigación "Mejora sostenible". Su investigación está enfocada en la mejora continua y en la economía circular.

Pablo Marti del Moral:

Profesor agregado de Teología Espiritual en la Universidad de Navarra. Son numerosas sus publicaciones, entre las que destaca *Teología Espiritual* (2021) y *El rostro del amor. Misericordia, perdón y Vida* (2016).

Mercedes Medina:

Catedrática de Comunicación en el Departamento de Marketing y Empresas de Comunicación en la Facultad de Comunicación de la Universidad de Navarra. Investigadora principal del proyecto *Resilient media for Democracy in the digital age* (2023-2025)

José Ignacio Murillo:

Catedrático de Filosofía en la Universidad de Navarra. Desde 2010 es Investigador Principal del Grupo "Mente-Cerebro" en el Instituto Cultura y Sociedad de la Universidad de Navarra (ICS).

Marta Ormazábal:

Catedrática y Subdirectora de Investigación de Tecnun, Escuela de Ingeniería de la Universidad de Navarra. Forma parte del Grupo de investigación "Mejora sostenible". Su área de investigación se centra en la economía circular.

Carlos Naya:

Arquitecto, Profesor contratado doctor y Director de la Escuela Técnica Superior de Arquitectura de la Universidad de Navarra. Editor de numerosos textos sobre arquitectura y diseño, cabe destacar su participación en la creación y puesta en marcha de un programa de doctorado en Creatividad Aplicada.

Jordi Puig i Baguer:

Profesor Titular de Biología Ambiental en la Facultad de Ciencias de la Universidad de Navarra. Lidera el Grupo de investigación en Humanidades Ambientales.

Isabel Rodríguez-Tejedo:

Profesora contratada doctora de la Facultad de Ciencias Económicas y Empresariales de la Universidad de Navarra. Forma parte del Grupo de investigación "Gobierno, Propósito y Sostenibilidad Corporativa".

Juan Roquette:

Arquitecto y profesor ayudante doctor del Departamento de Teoría, Proyectos y Urbanismo de la Escuela Técnica Superior de Arquitectura de la Universidad de Navarra.

Ángel Ruiz de Apodaca Espinosa:

Catedrático de Derecho Administrativo de la Facultad de Derecho de la Universidad de Navarra. Departamento de Derecho Público y de las Instituciones Jurídicas. Su investigación se ha centrado principalmente en el Derecho administrativo ambiental y en los sectores de información, participación, aguas, residuos, autorizaciones, evaluación ambiental y energía.

Charo Sádaba:

Catedrática y Decana de la Facultad de Comunicación de la Universidad de Navarra. Es experta en la investigación sobre el impacto de la tecnología en niños y adolescentes.

Ana Sánchez-Ostiz:

Catedrática del Departamento de Construcción, Instalaciones y Estructuras. Escuela Técnica Superior de Arquitectura de la Universidad de Navarra. Dirige el Grupo de investigación SAVIArquitectura (Sostenibilidad Ambiental Vivienda Industrialización y Arquitectura).

Juan Tejero:

Profesor de Teología Moral en el Seminario de Pamplona (Instituto Superior de Ciencias Religiosas San Francisco Javier y Centro Superior de Estudios Teológicos San Miguel Arcángel). Desde el año 2023 es profesor invitado en la Facultad de Teología de la Universidad de Navarra.

Editores

Antonino González:

Responsable de Proyectos Académicos del Instituto Core Curriculum de la Universidad de Navarra. Doctor en Filosofía y profesor de Antropología y Ética en la misma Universidad. Fue el organizador de la Jornada "Nos toca preparar el futuro. Pensar la sostenibilidad" celebrada el 13 de diciembre de 2023 en la Universidad de Navarra.

Reyes Duro Rivas:

Responsable de Programas y Publicaciones del Instituto Core Curriculum de la Universidad de Navarra. Doctora en Historia del Arte y profesora de la asignatura "Arte, cultura y ser humano" en la Universidad de Navarra.